인생을 바꾸는
기적의 시간 찾기

시간 관리 전문가
김지원의

하루를 48시간으로
사는 비법

인생을 바꾸는 기적의 시간 찾기

1분, 15분, 30분을 자신으로 사는
시간으로 확보하는 기술!

김지원 지음

태인문화사

일상을 바꾸는 시간 찾기,
인생을 바꾼다

삶을 사랑하는가? 그렇다면 시간을 낭비하지 말라. 인생은 시간으로 이뤄지기 때문이다.
– 벤저민 프랭클린

헬스클럽에 가져다준 돈만 몇백만 원, 나는 기부천사인가?

도저히 책 읽을 시간이 없는데...?, 도저히 글 쓸 시간도 없는데...?

직장에서는 대리의 시간, 집에서는 남편과 아빠의 시간, 진정한 나를 위

한 시간은 언제인가?

옆자리 이대리는 뮤지컬 동호회도 하고 축구도 하고, 심지어 영어도 잘

한다던데 어떻게 저런 많은 일을 할 수 있지?

시간이 없다

현대인이 시간에 대해 가장 많이 하는 말은 '시간이 없어서'이다. 우

리는 시간이 부족한 시대에 살고 있다. 과학기술이 발전하면서 주변의 많은 것들이 놀랍게 빨라졌다. 버스로 5시간이 걸리던 서울과 부산의 거리는 KTX의 등장으로 2시간 반이면 충분히 도착할 수 있게 되었다. TV와 신문으로 전해 듣던 지구 반대편의 소식을 지금은 실시간으로 스마트폰을 통해 확인할 수 있게 되었다.

하지만 역설적으로 우리의 시간은 더 없어졌다. 바쁘게 정신없이 움직이는 것 같은데 늘 시간은 부족하다. 열심히 사는데 항상 시간에 쫓긴다. 정신없이 흐르는 시간 가운데 내 몸을 맡겨 버리고 흐르는 대로 살아간다.

어디선가 시간이 새고 있어요

개개인의 삶을 자세히 들여다보면 정말 시간이 없는지에 대한 의문이 든다. 내 생활을 돌아봐도 정말 시간이 없지는 않다. 아무리 바빠도 맛있는 점심은 챙겨 먹는다. 아무리 시간이 없어도 연예인의 연애사는 꿰뚫고 있고 웹툰도 본다. 아무리 정신없어도 내가 응원하는 야구팀 경기 결과는 알고 있으며 심지어 하이라이트도 다 챙겨본다. SNS를 통해 친구의 여행 소식도 전해 듣는다. 물리적인 시간이 부족하다기보다는 시간을 사용하는 가운데 낭비하는 시간이 적지 않다. 이러한 시간들만 잘 모아도 생각보다 많은 시간을 확보할 수 있겠다는 확신이 든다.

우리에게 주어진 시간은 많지 않다!

나는 대학생 시절, 20일 동안 해남 땅끝 마을에서 서울 시청까지 국토대장정을 하였다. 120명의 동료들과 함께 하루를 시작하고 마무리하면서 이렇게 외쳤다.

"우리에게 주어진 시간은 많지 않다."

우리는 할 수 있는 일과 하고 싶은 일이 참 많다. 물론 한정된 시간 하에서 모든 것을 다 할 수는 없다. 가장 하고 싶은 일, 중요한 일에 시간을 사용해야 한다. 시간에 이끌리는 삶이 아니라 시간을 통제하고 다스리는 삶을 살아야 한다. 버려지고 의식하지 못한 채 흘러가 버리는 시간이 돈이라면 직접적으로 와 닿을 것이다.

시간은 눈에 보이지도 않고, 무한하게 주어질 것이라는 착각을 불러일으킨다. 역사 전체의 시간은 무한하게 흐를 수 있지만 개인의 시간은 유한하다. 반드시 죽음이라는 끝이 있다.

우리는 개인에게 주어진 한정된 시간을 잘 사용해야 하는 책임이 있다. 시간 찾기를 통해 시간의 소중함을 깨달아야 한다. 버려지는 시간을 인식하고, 그 시간들을 모아 꼭 필요한 일에 투자해야 한다. 그 시간들을 통해 인생이 놀랍게 바뀌게 될 것이다. 시간의 소중함을 깨닫게 되면 흘러가는 시간을 조금 더 효과적으로 사용하기 위해 치열하게 달릴 수 있게 된다.

작은 차이, 큰 변화

시간 찾기는 거창한 것을 요구하지 않는다. 주변에서 쉽게 할 수 있는 것부터 시작하면 된다. 출퇴근할 때 SNS, 웹툰 보기를 잠시 멈추고 책과 신문을 꺼내들자. 업무 중에 생기는 자투리 시간을 멍하게 보내지 말자. 1분이 흘러가고 있음을 몸으로 느끼고 그 시간이 의미 없이 흘러가는 것에 대해 안타까운 마음을 가지자. 핸드폰으로 목적 없는 인터넷 서핑을 하지 말고 도움이 될 만한 정보를 찾자.

어느 것 하나 크게 어려운 것은 없다. 하지만 이 작은 차이로부터 큰 변화가 시작된다는 사실을 꼭 기억하자.

지금 당장 시작하자

숨어 있는 시간을 찾고 내 시간을 만들어 내고자 익숙했던 편안함과 나태함을 포기해야 한다. 처음에는 힘들다. 사람은 누구나 편안함과 나태함을 추구한다. 내 삶을 철저히 관리하는 것은 피곤하다. 그러나 이 과정을 이겨 내야만 바쁜 현대 사회에서 내가 하고 싶은 일, 그리고 해야만 하는 일을 할 시간을 만들어 낼 수 있다.

치열하게 지금 이 순간을 살아야 한다. 주어진 시간을 잘 활용하고, 버려지는 시간을 찾아내야 한다. 결심한 이후 바로 시작을 해야 한다. 사람의 마음은 하지 말아야 할 이유를 수백 개도 만들어 낼 수 있다.

예를 들어 새벽에 일찍 일어나야 한다고 결심한다. 해야할 이유는 단 한가지, 독서를 하기 위해서이다. 하지만 몸이 왠지 무거운 것 같다. 바깥 날씨가 너무 춥다. 어제 밤에 친구와 약속이 있어서 늦게 잠들어 피곤하다. 이와 같이 해야 할 이유는 딱 한 가지인 반면 하지 말아야 할 이유는 제한 없이 만들어 낼 수 있다. 우리는 단호하게 해야 할 이유 하나만을 가지고 목표를 향해 달려가야 한다.

숨은 시간 찾기

시간이 없다는 핑계를 대기 전에 나도 모르는 사이에 흘러가고 있는 1분, 15분, 30분의 숨어 있는 시간을 잘 찾아야 한다. 흔히들 이런 시간을 자투리 시간이라 말한다. 자투리는 원단을 재단 후 남은 천 조각을 이르는 말이다. 자투리 시간 자체에는 큰 의미가 없을 수도 있다. 하지만 잠시만 생각해보면 이 시간 동안 할 수 있는 일들이 많이 있다. 작은 시간이 차곡차곡 모이면 인생을 변화시킬 수 있는 거대한 시간이 된다.

이 책은 당신이 시간 찾기의 필요성에 대해 인식하고 숨어 있는 시간을 찾아 치열하게 사용할 수 있도록 도와주는 좋은 조력자가 될 것이다. 내 경험과 우리가 잘 아는 시간 찾기 전문가들의 이야기를 통해 숨어 있는 당신의 숨은 시간을 찾아줄 것이다. 그리고 그 시간을 효과적으로 활용할 수 있도록 도와줄 것이다.

주변에 숨은 시간을 함께 찾아보고 그 시간을 온전히 나를 위해, 그리고 소중한 사람을 위해 사용해보자. 시간 찾기를 통해 일상의 삶을 바꿔보자. 그리고 그 시간 동안 얼마나 많은 일들을 할 수 있는지 생각해보자. 비록 하나하나는 작은 시간이지만 그 시간들이 모여 당신의 일생을 바꾸게 될 것이다.

기회는 찾아 왔다. 이 순간을 잡아야 하는 것은 당신의 몫이다. 톨스토이는 인생에서 가장 중요한 때는 바로 지금이라고 했다. 지금 주어진 기회를 잡자(Seize the moment). 그리고 그 기회를 포착한 지금을 즐기자(Carpe diem).

함께할 준비가 되었는가? 시작이 반이다. 이미 이 책을 집어든 순간부터 시간 찾기는 시작되었다.

"인생에서 가장 중요한 때는 바로 지금이다".

- 《인생독본》, 톨스토이

차례 FINDING HIDDEN TIME

FINDING HIDDEN TIME

—— Part 1 ——

시간 찾기를 해야만 하는
단 한 가지 이유

인생을 바꾸는
강력한 기적 시간 찾기

시간은 모든 사람이 가진 유일한 자본이며, 절대 잃어서는 안 되는 유일한 자본이다.
-토마스 에디슨

더 나은 삶을 위하여

대부분의 사람은 현재의 삶에 만족하지 않는다. 더 나은 삶, 더 즐거운 삶, 더 풍요롭고 여유로운 삶을 추구한다. 시중의 많은 자기계발서들을 읽어 보면 유독 평범한 삶에서 ㅇㅇㅇ를 했더니 돈도 명예도 얻었고 자아실현도 했다는 사례가 많다. 독서를 통해서, 영어를 통해서, 여행을 통해서, 공부를 통해서 삶이 변했다는 이야기를 한다.

현실적인 질문을 하나 해 보자. 우리의 삶에서 독서, 영어, 여행, 공부같은 것을 안 하고 싶은 사람이 어디 있는가? 거의 대부분의 사람들은 '하고 싶다'라고 이야기 한다. 그렇다면 하고 싶으면서도 왜 하지 못하는가? 가장 근본적인 문제는 우리에게 시간이 없다는 것이다. 직장인들은 각자의 생업이 있기 때문에, 학생은 학업에 매진해야 하기 때문에 많은 시간을 무턱대고 하고 싶은 것에 투자할 수 없다.

지금 당장 회사를 때려치우고 책만 읽을 수 있는 용기가 있는 사람이 얼마나 있는가?
지금 당장 학교를 그만두고 영어공부에만 집중할 수 있는 사람이 얼마나 있는가?
지금 당장 가족을 등지고 여행을 떠날 수 있는 사람이 얼마나 있는가?

자기계발서에서 이러한 일들을 했다고 한 사람들의 이야기만 크게 부각하고, 마치 대부분의 사람들이 그렇게 살아야 하는 것처럼 일반화해서 이야기한다. 그렇기 때문에 일반인들은 그 사례를 보면서 그렇게 하지 못하는 자신을 자책하며 책을 덮는다.

나도 시중에 출판된 수많은 자기계발서를 읽었다. 그리고 자기계발서에서 이야기한대로 도전도 했다. 1년 동안 100권의 책을 읽으라고 추천해서 인터넷 서점에서 수십 권의 책을 주문하기도 했었고, 영어공부를 하려면 1000시간을 듣고 말해야 한다고 해서 이어폰을 귀에 꼽고 다닌 적도 있다. 하지만 내 도전에 있어서 가장 큰 문제는 내 의지도, 성실성도 아닌 시간이 없다는 것이었다.

당시 나는 신입 공무원으로 바쁘게 일을 하고 있었다. 업무파악도 해야 했고, 익숙하지 않은 일을 다른 선배들처럼 해 내야 했다. 집에

오면 10시가 훌쩍 넘곤 했다. 결국 독서도, 영어공부도 해당 책이 이야기한 목표까지 도달하지 못했다. 그리고 좌절했다. '이 사람은 하는데 나는 못했다'는 자괴감이 찾아왔다. '시간이 확보되지 않고서는 하고 싶은 일을 아무것도 할 수 없다'는 귀한 배움을 얻었다. 그 일로 인해 시간 관리에 관심을 가지게 되었다.

우리는 특별한 사람들의 이야기를 통해 도전받는 것도 필요하다. 하지만 실제로 일상 생활에서 가장 필요한 것이 무엇인지를 바르게 인식해야 한다. 그렇다면 가장 먼저 스스로에게 물어봐야 할 질문은 바로 이것이다.

'나의 삶에서 변화를 위해 투자할 수 있는 시간이 얼마나 되는가?'

우리 모두는 직장인이자 학생이고 생활인이다. 지금도 각자의 삶을 치열하게 살아 내고 있다. 너무 치열해서 쓰러질 지경이지만, 지금보다는 조금 더 나은 삶을 늘 꿈꾸고 동경한다. 변화를 위해서는 시간이 필요하다. 지금의 삶만 살아가기에도 너무 바쁘지만 하루를 자세히 돌아보면 분명히 새어나가고 있는 시간은 있다. 누구에게나 있다. 만일 당신이 1분 1초를 정말 알뜰하게 잘 살아 나가고 있다면 지금 이 책을 덮어도 좋다.

대부분은 잠깐이라는 명목으로 출퇴근길의 시간들을 멍하니 보내고, 집에 가서 너무 피곤하다는 이유로 스마트폰을 켜고 TV를 켠다. 지금 당장 알게 모르게 줄줄 새 나가고 있는 시간을 잡아야 한다. 그러한 시간을 파악해서 그 시간에 할 수 있는 효과적인 일들을 해야 한다. 이러한 과정을 통상적으로 시간 관리라고 부른다. 24시간 주어진 시간을 효과적으로 관리해야 한다는 의미이다.

나는 이 책에서 시간 관리라는 용어 대신에 시간 찾기라는 용어를 사용하려고 한다. 의미는 비슷하다. 하지만 시간을 관리하기 이전에 먼저 숨어 있는 시간을 찾아내야 한다. 알게 모르게 숨어 있는 시간들이 우리 주위에 너무나 많다. 인식하지도 못한 채 잃어버리는 시간이 너무나 많다. 잃은 시간을 되찾고 그 시간 동안 무엇을 할 수 있을지 함께 고민하자는 의미로 시간 찾기 방법을 제시하려 한다.

우리 삶 가운데서 시간 찾기가 필요한 단 한 가지의 이유는 줄줄 새고 있는 시간을 찾아내고 그 시간을 하고 싶은 일에 투자함으로 내가 꿈꾸는 삶을 살아가기 위해서이다. 일일이 작은 시간까지 신경 쓰려면 피곤할 수도 있다. 좀스럽게 느껴질 수도 있다. 하지만 시간 찾기를 통해서 시간을 마련하고 그 시간에 생산적인 일을 한다면 당신의 일상이 바뀔 것이다.

1분, 15분, 30분 동안 할 수 있는 일은 무궁무진하게 많다. 그리고 그 시간이 쌓일 때 엄청난 위력을 발휘한다. 짧은 시간이라고 무심코 흘려보냈던 그 시간을 사용하면서 당신의 시간에 대한 가치관과 관점이 바뀔 것이다. 그리고 당신의 일생 또한 반드시 변화할 것이다. 당신이 꿈꾸는 삶, 당신이 원하는 삶을 살 수 있다.

세상에 공짜 점심은 없다

새어 나가고 있는 시간을 잡기 위해서, 그리고 그 시간을 확보하기 위해서는 일상의 편안함과 익숙함을 포기해야 한다. 누군가는 무엇을 포기해야 한다는 것에 망설일 수도 있다. 하지만 인생을 변화시키고 싶다면서 포기하는 게 없기를 기대하는 것은 도둑 심보이다. 얻고자 하는 것이 있다면 내가 누리는 중에서 포기하는 것이 반드시 있어야 한다.

옛날 한 왕이 세상의 모든 지혜를 책으로 정리하라고 명령을 내리며 학자들을 불러 모았다. 학자들은 치열한 논쟁과 회의를 통해 100권의 책으로 세상의 지혜를 정리했다. 왕은 분량이 너무 크다며 줄이라고 명령하였다. 정말 핵심적이라고 생각하는 지혜들을 고르고 골라 10권으로 만들었다. 왕은 그것도 양이 많다고 했다. 아마 왕은 족집게 강의, 요약 노트를 좋아한 사람이었나 보다.

학자들은 매우 난감했지만 또다시 치열한 논쟁을 통해 세상의 모든 지식을 1권으로 정리했다. 하지만 왕은 한 권의 책으로도 만족하지 못하고 한 페이지로 정리하라고 명령했다.

어느 곳에서 지식을 뽑내려면 1권도 너무 많고 한 페이지 정도가 딱 적당하긴 하다. 학자들이 다시 모여 모든 지식을 한 페이지로 만들어 왕에게 바쳤다. 왕이 물었다.

"한 페이지에서 가장 중요한 문장을 고르라면 무엇이 있겠느냐?"

다시 큰 토론이 벌어졌고 나온 결론은 '세상에 공짜 점심은 없다(There is no free lunch)'이었다.

세상에 공짜는 없다. 최근 오픈 채팅방에 들어가 보면 자기계발이

나 마케팅 관련 강의를 무료로 신청할 수 있다. 하지만 들어가서 수강 신청을 해 본 사람은 알겠지만 결코 공짜가 아니다. 무료로 강의를 들을 수 있다고 신청하는 방법이 나온다. 그럴 경우 열 번이면 열 번 모두 개인정보를 요구하는 창이 뒤이어 뜬다.

시간 찾기를 하고 싶은가. 지금까지 익숙하고 편안한 것을 내려놓아야 한다. 시간을 더 얻고 싶다면 내가 누리던 것은 포기해야 한다. 시간을 여유롭게 누리기 위해 불편함을 기꺼이 감수해야 한다. 편안하게 소파에 누워 TV를 보는 편안함을 포기해야 하고, 따뜻한 이불 속 편안함을 포기해야 한다. 지친 몸을 일으켜 책을 펼쳐야 하고, 그 시간을 통해 내가 이루어 낼 것을 기대해야 한다. 기꺼이 불편함을 감수하기로 결정할 때 새어 나가는 시간을 잡아낼 수 있고, 인생을 변화시킬 수 있다.

인생을 변화시키기 위해 그리고 시간을 관리하기 위해 내가 지금까지 누리던 것을 포기하기로 결정했는가? 그렇다면 시간 찾기의 기적은 이미 시작되었다.

시간은
잘 쓰는 것

돈은 벌수도 있고 잃을 수도 있다.
그러나 시간은 잃을 수밖에 없으니 세심하게 써야 한다.

돈과 시간의 차이

시간에 대해 이야기 할 때 사람들은 시간을 돈과 많이 비교한다. 귀중한 가치를 지녔다는 공통점 때문이다. 돈에 대한 고민은 '얼마나 많이 벌수 있느냐'에서부터 시작한다. 그 다음의 고민이 '얼마나 돈을 잘쓰는가'로 넘어가게 된다. 반면 시간은 어느 누구에게라도 공평하게 하루 24시간 주어진다. 그렇기 때문에 시간에 대한 첫 번째 고민은 '시간을 어떻게 써야 하는 것인가'이다.

과거부터 돈은 저축하는 것이 미덕으로 여겨왔다. 서울대학교 소비자학과 김난도 교수는 '연습하는 사람과 저축하는 사람은 절대지지 않는다'고 말한다. 검소한 생활을 통해 목돈을 만들고 그 목돈을 꼭 필요한 곳에 사용해야 한다고 가르친다. 모든 사람의 수입이 일정하지 않기 때문에 수입이 적은 사람은 돈을 아끼는 방법을 통해 목돈을 만들 수 있다.

하지만 시간은 이러한 돈의 절약 방법과는 다른 성격을 가진다. 나는 이렇게 말하고 싶다. '시간은 잘 쓰는 것이다.' 모든 사람에게 공평하게 24시간이 주어지고 그 시간을 잘 썼던 못썼던 다음날 똑같이 24시간이 주어진다.

우리는 아무도 시간을 잘 버는 법, 시간을 잘 저축하는 법을 고민하지 않는다. 그래서 어떤 사람은 하루에 매일매일 86,400원이 주어지는 것으로 생각해보라고 비유적으로 말하기도 한다. 매일매일 딱 하루 사용할 만큼의 시간이 주어진다. 그리고 하루가 지나면 남은 시간은 사라진다.

"사람마다 자기가 거둔 것을 달아 보니 많이 거둔 사람도 남지 않았고, 적게 거둔 사람도 모자라지 않았습니다. 사람마다 각기 필요한 만큼 거두었습니다."

- 출애굽기 16:18

성경에는 모세와 이스라엘 백성들이 이집트 땅을 떠나 광야 생활을 하는 장면이 나온다. 광야는 지금의 사막과 유사한 곳으로서 먹을 것이 아무것도 없는 곳이다. 배고파 불평하는 이스라엘 백성들에게 매일 만나와 메추라기가 하늘에서 내려온다. 하지만 조건이 있다. 이스라엘 백성들은 매일 하루 동안 먹을 양식만 취할 수 있다. 혹여나 내일 먹을 것까지 거둬온 것은 썩어버리게 된다.

시간도 이와 같다. 매일매일 딱 하루 쓸 양만 각 사람에게 주어진다. 그렇기 때문에 시간은 저축을 고민할 필요는 없다. 대신 주어진 하루의 시간을 잘 사용해야 한다.

우선순위를 설정하라

시간을 잘 쓰기 위해서는 우선순위를 정해서 꼭 필요하고 중요한 일에 시간을 사용해야 한다. 비단 시간뿐만 아니라 우리 삶의 대부분 일은 우선순위를 정해서 해야 한다.

고등학교 시절 《우선순위 영단어》라는 책이 있었다. 수능에 나오는 빈도수를 반영하여 가장 잘 나오는 단어부터 순서대로 나열한 책이다. 시간이 부족한 고등학생들을 위한 딱 좋은 책이었다.

나 또한 이 책으로 열심히 공부를 했던 기억이 있다. 인터넷 서점을 찾아 보니 지금도 개정판이 판매되고 있다. 시험에 나오는 단어, 주제에 대한 우선순위를 설정하는 것은 비교적 명확하다. 어떤 주제가 지금까지 몇 번 기출되었고, 어떤 패턴으로 나왔는지를 통계적으로 파악하기만 하면 된다.

그러나 개인의 삶에서 시간의 우선순위를 정하는 것은 개인의 기준과 판단에 따라 다르다. 똑같은 상황들이지만 A의 우선순위와 B의 우선순위가 현저히 차이날 수 있다. 예를 들어 영어공부, 게임, 독서, 식사, 친구 만나기의 할 일이 있다고 가정하자.

A는 해외지사 파견을 목표로 준비하고 있는 회사원이다. 그렇다면 A의 우선순위는 영어공부와 독서가 될 것이다. B는 프로게이머이다. 그렇다면 B의 우선순위는 당연히 게임이 될 것이다.

이처럼 개인의 상황과 환경에 따라 우선순위는 달라지기 때문에 '어떠한 것이 가장 중요한 것이다'라고 이야기하기는 어렵다. 단, 시간의 우선순위를 파악하는데 전통적으로 '우선순위 매트릭스'를 사용한다.

우선순위 매트릭스는 미국의 대통령이었던 드와이트 아이젠하워가 고안한 것으로 해야 할 모든 일을 시급한 일과 시급하지 않은 일, 중요한 일과 중요하지 않은 일로 범주를 구분한다. 이 네 가지 조건을 가지고 표를 그리면 다음과 같다.

중요도 \ 시급성	시급한 일	시급하지 않은 일
중요한 일	1순위 - 즉시 처리	2순위 - 계획성 있게 처리
덜 중요한 일	3순위 - 축소, 위임	버림

아이젠하워는 중요하고 시급한 일을 1순위로 처리하라고 이야기한다. 그리고 이러한 일은 즉시, 직접 처리해야 한다. 중요하고 시급하지 않은 일과, 중요하지는 않지만 시급한 일 사이에는 고민이 생긴다. 하지만 아이젠하워의 답은 명쾌하다. 중요하지만 시급하지 않은 일은 전략적으로 계획하고, 기한을 설정해서 처리해야 한다. 시급하지 않다는 핑계로 차일피일 미루다 보면 그 중요한 일이 눈앞에 다가왔을

때 대처하기 힘들다.

그래서 중요한 일에 초점을 두되 기한을 설정하고 계획성 있게 일을 처리해야 한다. 중요하지는 않으나 시급한 일은 시급성에 주목한 나머지 너무 그 일에 몰두할 우려가 있다. 이러한 일은 축소하거나 가능하다면 다른 사람에게 위임하는 것이 바람직하다. 중요하지도 않고, 시급하지도 않은 일은 아예 손을 대지 않아야 한다.

중요하고, 시급한 일만 하기에도 우리 인생은 참 바쁘다. 그리고 긴 인생을 살아가면서 당장 시급하진 않지만 중요한 일 또한 잘 계획해서 해 내야 한다.

중요하지 않은 일에 시간을 뺏길 수는 없다. 중요하고 시급한 일에 한정된 시간을 먼저 투입하고, 중요하지도 않고, 시급하지도 않은 일에 대해서는 버리는 결단력을 가질 때 시간을 효과적으로 잘 쓸 수 있다. 시간을 잘 써서 늘 스스로에게 그레잇을 외칠 수 있도록!

중요한 것은 별로 급하지 않고, 급한 것은 대부분 중요하지 않다.

– 드와이트 아이젠하워

시간도
관리가 필요하다

시간을 얻는 사람은 모든 것을 얻는다.
- 벤저민 디즈레일리

시간을 관리하라

다시 시간 관리다. 결국 찾은 시간은 철저히 관리해야 하기 때문에 시간 관리의 중요성을 간과할 수 없다. 우리는 생활 속에서 많은 것을 관리하며 살아간다. 집안을 관리하고, 차량을 관리하고, 얼마 전에 신입으로 들어온 후배를 관리하기도 한다. 군대에서도 후임들이 들어오면 잘 관리해야 한다고 이야기한다.

국어사전에서 관리는 '시설이나 물건의 유지, 계량 따위의 일을 맡아 함'이라 정의하고 있다. 우리가 사용하고 있는 물건에 대해서 잘 쓸 수 있도록 유지하는 일이 관리이다. 돈을 관리하고, 일을 관리하고, 사람들과의 관계를 관리한다. 어느 것 하나 부족하거나 넘치지 않게 적절하게 노력과 재정이 투입될 수 있도록 나름의 방법을 통해 관리한다.

시간도 관리가 필요하다. 특히나 시간은 모든 사람에게 공평하게 주어지기 때문에 시간 관리를 통해서 효율적으로 쓰는 일이 무엇보다 중요하다.

나는 한국방송통신대학교에서 근무할 때 관리팀 소속으로 학교 재산 및 물품을 관리하는 업무를 수행하였다. 학교 비품을 구매하고 필요한 곳에 배치하는 업무였다. 그중에서 가장 많이 신경 쓰이는 일은 각 부서에서 필요한 물품을 구매해 달라는 요청을 받았을 때 예산 상황과 필요도를 파악해서 구매여부를 결정하는 일이다. 주로 의자, 책상, 프린터 등 업무상 필요한 비품이었는데, 결론적으로는 웬만해서는 잘 안 사줬다.

한정된 예산 하에서 더군다나 국민의 세금으로 운영되고 있는 국립대이기 때문에 최대한 아껴서 사용하도록 유도하였다. 그리고 사용하고 있는 것을 수리해서 사용하도록 권고하였다. 물론 꼭 필요한 경우에는 제한적이지만 비품을 구매해주었다. 필요하다고 판단된 것에는 큰 예산이 필요한 것도 지출하였다. 수백 명의 직원 중 나 한 사람이 그 업무를 담당하였지만, 비품구매에 있어서 관리자 한 명이 있음으로 예산이 불필요하게 낭비되는 것을 막을 수 있었다.

시간 사용에서도 이와 같이 관리가 필요하며 관리를 위해서는 그 일을 전담하는 관리요원의 역할이 필요하고 매우 중요하다. 쓸데없는 일에 아까운 시간이 새어 나가지 않도록, 대신 꼭 필요한 곳에는 아낌없이 시간을 사용할 수 있도록 시간 관리 원칙을 통해 판단해야 한다.

시간의 파수꾼을 세워라

내가 한국방송통신대학교에서 근무할 때 맡았던 역할은 학교 예산의 효율적 활용을 위한 파수꾼이었다. 파수꾼의 사전적 정의는 '경계하여 지키는 일을 하는 사람'이다. 이는 전쟁에서 주로 쓰는 용어로 파수꾼들은 잠도 자지 않고 교대로 근무를 서며 적들의 기습이나 공격을 먼저 깨닫고 아군들에게 전파하는 역할을 맡는다. 적은 수의 인원이 경계를 함으로써 수많은 아군은 마음 놓고 맡은 일을 감당할 수 있다.

시간을 사용함에 있어도 시간을 관리하고 지키는 파수꾼이 필요하다. 시간을 관리하기 위한 파수꾼은 어떠한 방식으로 세워야 할까? 첫 번째 방법은 시간 사용 내역을 기록하는 것이다. 휴대폰 플래너 기능, 혹은 종이 수첩을 사용한 시간 사용 내역 기록은 나의 시간 사용 방식을 한눈에 확인하고 관리할 수 있는 가장 좋은 방법이 된다. 두 번째 방법은 우선순위를 세우고 기억하는 방법이다. 우선순위에 맞게 시간 사용을 제한하면서 적재적소에 시간을 사용하는 일이 필요하다.

철저히 시간을 관리하고 꼭 필요한 경우에 시간을 사용하며, 불필요한 시간 낭비를 막기 위해 시간의 파수꾼을 세우는 것, 시간을 효과적으로 사용하는 지름길이 될 수 있다.

크로노스와 카이로스의 시간

그리스 신화에는 시간에 대한 두 가지 개념이 있다. 하나는 크로노스, 다른 하나는 카이로스이다. 크로노스는 수평적인 시간, 물리적인 시간으로 우리가 흔히 이야기하는 시간 그 자체를 말한다. 양적인 개념으로 누구에게나 주어지는 24시간의 하루, 단순히 흘러지나가는 일상의 시간을 의미한다. 우리가 매일 보는 시계, 달력에 표시된 시간이 크로노스의 시간이다.

카이로스는 수직적인 시간, 논리적인 시간으로 순간, 때를 의미한다. 질적인 개념으로 개인이 경험한 사건, 특별한 의미를 부여할 수 있는 시간을 말한다. 즉 자신의 선택에 의해서 상대적으로 구성되는 시간이다.

크로노스의 흘러가는 시간은 막을 수도 없고 잡을 수도 없지만 카이로스의 시간은 내가 어떠한 생각을 가지고 어떤 선택을 하느냐에 따라서 개인이 관리 가능한 시간이 된다.

그리스 신화에서 묘사된 카이로스는 기회의 신으로서 독특한 모습을 가지고 있다. 앞머리는 숱이 무성하지만 뒷머리는 대머리이고, 양발 뒤꿈치에는 날개가 달려 있다. 앞머리에 숱이 무성하기에 앞에 있을 때는 쉽게 움켜잡을 수 있지만, 한번 지나친 후에는 뒷머리가 대머리여서 움켜잡을 수도 없고 뒤꿈치에 달린 날개 때문에 순식간에 사라져 버린다.

그리스인들은 기회를 한 번 지나가면 잡을 수 없는 것으로 인식하고 기억하였다. 우리에게도 시간을 찾을 수 있는 기회가 찾아왔다. 이 순간에 기회를 잡아야 한다. 지나가면 다음은 없다.

시간 관리는 목적이 아니라 수단이다

시간을 관리하지 않으면 시간이 당신을 관리한다.
- 작자 미상

시간 관리는 목적이 아니라 수단이다

모든 배는 출발지와 도착지가 있고, 도착지를 향해 항해한다. 목적지가 없는 배는 승객과 짐을 실어 날라야 하는 배의 의미를 상실한다.

사람들도 스스로의 목표를 설정하고 그 목표를 이루기 위해서 하루하루 수고한다.

학생들은 원하는 대학에 들어가기 위해, 직장인들은 원하는 위치에 올라가기 위해, 또 스스로가 이루고 싶은 목표를 달성하기 위해 노력한다.

목표를 이루기 위해 밤잠을 설쳐가며 노력해 본 경험이 있는가? 목표를 이루겠다는 열정이 불가능한 일도 할 수 있게끔 해준다.

시간 관리도 이와 비슷하다. 목표 없이 그저 시간을 잘 관리하겠다는 생각은 목적지 없이 떠다니는 배와 같다. 우리는 이러한 배는 '항해한다'라고 이야기하지 않고 '표류한다'라고 이야기한다.

시간 관리를 통해서 확보한 시간은 하고 싶은 일을 해내야 하는 목표가 명확해야 한다. 그렇지 않으면 우리의 시간 관리는 표류할 수밖에 없다. 그저 시간 관리를 위한 시간 관리는 표류하는 배와 같다. 아니, 표류하기 전에 시간 관리에 대한 열정조차 불러일으키지 못한다. 명확한 목표가 없는 노력은 허공에 흩어지는 열심이기 때문이다.

시간을 잘 관리해서 시간이 확보된 이후, 그 시간을 통해 내가 진정으로 하고 싶은 일을 해 낼 때 시간 관리의 선순환이 이루어질 수 있다.

오늘 일찍 일어나서 무엇을 할 것인가?

오늘 핸드폰 할 시간을 아껴서 무엇을 하고 싶은가?

오늘 누워있고 싶은 욕구를 억누르고 책상 앞에 앉아서 제일 하고 싶은 일이 무엇인가?

내가 원하는 목표를 달성하기 위해 그 시간을 잘 활용할 때, 비로소 시간 관리의 의미가 살아날 수 있다.

명심하자. 시간 관리는 목적이 아니라 수단이다. 시간 관리를 통해 확보한 시간을 내 목표를 위해 활용할 때, 진정으로 내가 원하는 삶에 한걸음 다가갈 수 있다.

우리는 많은 것을 할 수 있어,
시간만 있으면

내일 죽을 것처럼 오늘을 살고 영원히 살 것처럼 내일을 꿈꾸어라.
- 체게바라

여러 개의 직업, 꿈이 아니다

"너는 나중에 커서 뭐가 되고 싶니?"

"저는 커서 과학자가 될 거에요."

"저는 커서 소방관이 될 거에요."

어렸을 때 이런 대화를 나눠 보지 않은 사람은 거의 없다. 아이들을 보게 되면 자연스레 꿈을 묻고, 아이들은 당연하게 한 가지의 정해진 꿈을 이야기한다. 수없이 많은 이러한 과정들을 통해 우리의 마음속에 자연히 '직업이라면 1개만을 가져야한다'라는 공식이 자리 잡고 있다.

꿈이 무엇이냐 물어봤을 때 수십 가지의 직업, 수십 가지의 하고 싶은 일을 나열한다면 물어 본 사람은 당황하게 될 것이고 그 아이는 아직 꿈이 없는 아이로 취급받을 것이다. 아직까지 우리 사회는 여러 가지 일을 꿈꾸는 것에 대해서는 부정적인 입장이 대다수이기 때문이다. 우리는 한 분야에서 전문적인 식견을 가지고 오랫동안 일하는 전문가가 대우받는 시대에 살고 있다. 관심사에 따라 이것저것 하는 사람은 줏대 없는 사람, 혹은 뚜렷한 목표가 없는 사람으로 치부된다.

그렇다면 여러 개의 직업을 갖는 것, 관심사가 그때그때 바뀌는 것은 잘못된 것일까? 법학도, 영화인, 커리어 코치, 강연자로 일하고 있는 에밀리 와프닉은 《모든 것이 되는 법》에서 여러 개의 관심사를 가진 사람을 '다능인multipotentialite'이라고 정의한다. 생각보다 많은 사람들이 한 가지 일에 몰두하기보다 여러 가지 일에 관심을 보이고 심지어 직업도 바꾸며 인생을 살아간다.

특히 이러한 경향은 현대에 들어서 더 심화되고 있다. 평생직장의 개념이 모호해지면서, 직장인들은 자신이 더 잘 할 수 있고 더 좋아하는 것을 직업으로 삼기 위해 자기계발을 하며 퇴직을 준비한다. 퇴사학교, 열정대학 등 지금 하는 일이 아닌 내가 꿈꿔 왔던 일들을 훈련하고, 실현시켜주는 프로그램들이 성행하는 것은 이러한 상황을 증명해 준다.

나도 한 가지 일만을 지속적으로 하는 성격은 아니다. 그렇기 때문에 어렸을 때 제일 싫어했던 질문 중 하나가 "나중에 커서 뭐가 되고 싶니?"였다. 그 당시 교사가 되어서 아이들을 가르치고 싶기도 했고, 소방관이 되어 국민의 생명과 재산을 지키고 싶기도 했고, 외교관이 되어 넓은 세상에 대한민국을 알리고 싶기도 했다. 또 신앙인으로서 목사가 되고 싶기도 했다.

한 가지 꿈이 아닌 여러 가지 꿈을 이야기하는 나에게 어른들은 좀 더 잘 생각을 해보라는 식의 조언만을 남겼지 '다양한 일을 할 수 있다'라고 격려해주지 않았다. 나 또한 지속되는 그러한 반응을 통해 장래의 꿈을 물어 보는 질문에 대해 '아직 잘 모르겠다'라고 대답하기 시작했다. 그리고 아직 나는 무엇을 할지 정하지 못했다는 압박과 스트레스를 받았다. 한국 사회는 한 사람의 인생에서 한 가지의 직업이라는 공식이 다른 나라에 비해 훨씬 더 강력하게 자리 잡고 있다.

대학교에 입학할 때도 전공을 정하는 문제를 놓고 고민을 많이 하였다. 전공해보고 싶은 분야가 참 많았다. 법학, 경영학, 국문학, 교육학… 어떤 것을 전공으로 정해야 할지 판단이 잘 서지 않았다. 지금은 자유전공으로 입학할 수 있는 학교가 꽤 많은 것으로 알고 있다. 하지만 내가 대학에 입학할 때만 해도 자유전공으로 입학하는 학교가 몇 개 없었다.

1학년 때는 학과를 정하지 않고 자유롭게 수업을 들어도 된다는 매력에 빠져 한동대학교에 진학하였고, 그곳에서 경영학, 경제학, 법학, 심리학, 전산, 영어, 중국어 등 다양한 분야의 수업을 들으며 진짜 공부하고 싶은 분야를 찾았다. 물론 군대 전역을 하고서야 최종적인 결정을 할 만큼 오랜 시간이 걸렸다.

공무원에 임용된 이후에도 부처를 이동하면서 다양한 분야를 접했다. 보통의 공무원은 한 번 임용된 부처에서 정년 때까지 머물며 일을 한다. 부처를 옮기는 것은 매우 이례적이다. 나는 두 번이나 부처를 옮기면서 통일, 교육, 국방이라는 세 가지 분야를 경험하고 있다. 그렇기 때문에 부적응자로 오해를 받기도 했다.

나는 처음 공무원에 임용될 때는 우리나라의 통일 문제에 지대한 관심을 가지고 있었고 그 분야에서 힘써 일해 보고 싶었다. 3년 정도 근무한 이후에는 교육 분야에서 일해 보고 싶어서 교육부 산하 한국방송통신대학교로 이동하였고, 지금은 방위산업 분야에 관심을 가지고 방위사업청에서 일을 하고 있다.

직장을 과감히 그만두고 전혀 다른 분야의 직업을 찾는 용감한 이들에 비해서는 소극적인 방법이지만 나름대로 안정을 추구함과 동시에 도전하고 여러 분야를 맛보기 위해서 노력하였다. 더욱이 공무원 사회는 전문가specialist를 양성하기보다는 순환보직제도를 통해 제너럴리스트generalist 양성을 추구하기에 내 성향과 잘 맞는다.

부처를 이동하는 과정을 통해 나는 조금 더 넓은 시각으로 공무원 사회를 바라볼 수 있게 되었다. 또한 현재는 방위사업청 내의 다양한 분야를 섭렵하기 위해서 노력하고 있다.

다 할 수 있다

에밀리 와프닉은 다능인들은 결코 일반적이거나 평범하지 않고, 오히려 전문가들보다 더 큰 강점을 가지고 있다고 말한다.[2]

첫 번째로 다능인들은 아이디어를 통합하고 큰 그림을 그리는 능력이 있다. 여러 분야를 경험하였기에 자기의 경험을 하나의 스토리로 연결시킬 수 있다. 이렇게 연결된 이야기는 전혀 새로운 독창적인 이야기가 된다.

어떠한 문제가 생겼을 때 나무만 보는 사람과 숲 전체를 보는 사람은 전혀 다른 해결책이 나온다. 여러 경험이 있는 사람은 나무 하나만의 지식을 가지고 있는 사람보다 훨씬 더 풍성한 이야기를 제시할 수 있다.

두 번째로 다능인들은 빠른 습득력과 적응력을 가지고 있다. 어떤 분야든 바꾼 분야에서는 새롭게 배워야 한다. 그리고 다능인들은 이미 처음부터 배워서 익숙하게 되었던 경험이 있다. 새로운 것, 낯선 것에 대한 적응력을 갖추고 있다.

나는 부처를 두 번 옮겼다. 처음 한국방송통신대학교에 발령받아 갔을 때는 통일부에서 배웠던 것과는 전혀 다른 방식에 적지 않은 충격을 받았다. 방송통신대만의 보고서 양식, 포털 사용법 등 나름 4년차 공무원이었기에 업무에 익숙하다고 자신하고 있었는데 현실은 신규 직원이었다. 새롭게 적응하는데 꽤 많은 시간을 필요로 했다.

하지만 방위사업청으로 다시 옮겼을 때는 적응하는데 훨씬 수월했다. 방위사업청의 업무 방식에 익숙한 것이 아니라 처음부터 익혀나가는 과정이 익숙했기에 업무에 익숙해지는데 많은 시간을 필요로 하지 않았다. 경험은 결코 무시할 수 없는 귀중한 자산이다.

과학기술의 발전으로 인해 우리는 백세 시대를 살고 있다. 보통 사회 초년생들은 20대 후반에서 30대 초중반에 일을 시작한다. 젊은 나이에 일을 시작해서 약 60년간 똑같은 일만 한다고 생각하면 참 지루하다. 고인 물은 썩기 마련이다. 매일매일 새로운 도전과 자극이 필요하다. 한 가지 일만 하기에는 인생이 너무 길지 않은가? 우리는 많은 것을 할 수 있다.

많은 것을 하기 위해서는

많은 것을 하고자 하는 마음과 도전의식을 마음에 갖췄다면 그 다음에 필요한 것은 무엇일까? 새로운 분야에 대해 익히고 학습하는 시간이 필요하다. 우리는 하고자 하는 마음만 가지고서는 아무것도 할 수 없다.

학창 시절 시험기간에 공부를 해야 한다는 부담감으로 마음이 매우 불편한 경험을 한 번씩은 다 했었을 것이다. 하지만 불편한 마음을 가진 것만으로는 좋은 성적을 얻을 수 없다. 반드시 내 시간을 투자해서 책상 앞에 앉아야 하고 공부를 시작해야 한다.

많은 것을 하기 위해서는 도전하는 마음을 가져야 한다. 그리고 그 목표를 성취하기 위해 내 시간을 투자해야 한다. 시간을 투자했을 때만이 내가 하고 싶었던 많은 것을 다 할 수 있다. 결국 많은 것을 하기 위해서는 하고자 하는 열정과 의지도 중요하지만 반드시 필요한 것은 시간이다.

잘 알겠지만,
시간은 금보다 소중해

시간이 돈임을 기억하라.
- 벤저민 프랭클린

시급을 생각하라

시간의 중요성은 과거 인류가 시간을 측정하기 시작한 때부터 공유되고 인식되어 왔다. 시간을 돈에 비유하고 소중히 여겨야 한다는 가르침은 세대가 지남에 따라 더 강조되었다. 우리는 눈에 보이는 돈과 금은 매우 소중히 여기고 아끼며 사용한다. 반면 시간은 무한하다고 착각하며 버려지는 눈앞의 시간에 대해 매우 관대하다.

그러나 시간의 속성을 정확히 파악하면 오히려 돈보다 그리고 금보다 시간이 훨씬 중요함을 깨달을 수 있다. 돈은 중앙은행의 판단에 따라서 또 찍어 낼 수 있다. 금도 쉽진 않지만 채굴하면 추가적으로 얻을 수 있다. 그에 비해 시간은 추가적으로 얻을 수 있는 방법이 없다. 시간은 더 얻고 싶다고 얻을 수 있는 것이 아니다. 시간은 관념적이고 돈은 현실적이다. 관념적으로 존재하는 시간을 좀 더 쉽게 인식하기 위해서는 돈으로 단위를 바꿔서 인식하면 훨씬 피부에 와 닿는다.

해외여행을 가려면 준비해야 하는 것 중 하나가 환전이다. 한국 돈을 여행하려는 국가의 돈으로 바꿔 가야 현지에서 생활하는데 무리가 없다. 나는 공무원에 임용되기 전 국내 기업의 인턴으로 2달 정도 호치민에서 생활을 했었다. 그렇게 긴 시간 동안 해외에서 생활을 하는 것은 처음이라 기대하는 마음으로 출발 준비를 했다.

가장 중요한 준비는 현지 화폐로 환전하는 일이었다. 나는 지방에서 살고 있었기에 지역에 있는 외환은행에 가서 베트남 화폐로 환전을 하려 했다. 그러나 은행에 보유한 베트남 화폐가 없었다. 결국 미국 달러로 환전을 하고 베트남 현지에서 다시 베트남 화폐로 환전을 했다.

베트남 공식 화폐는 동VND이다. 화폐단위가 한국에 비해 매우 크다. 베트남 화폐단위는 우리에게 익숙하지도 않기에 금액 자체가 실감이 나지 않는다. 택시를 탔는데 택시요금으로 10만 동을 요구해서 사기 당한 것은 아닌지 걱정도 했고, 커피 한 잔에 5만 동이어서 깜짝 놀라기도 했다.

사실 10만 동이면 우리나라 돈으로 약 5천 원가량 된다. 베트남 동자체는 체감이 안 되기 때문에 늘 한국 원화로 계산한 다음 그 가격의 합리성을 따졌다. 그리고 초반의 택시비가 정상적인 가격이라는 것도 뒤늦게 깨달았다.

시간도 마찬가지다. 환전을 거쳐 우리에게 익숙한 단위로 받아들이는 과정이 필요하다. 시간에 대해 관대한 우리는 시간을 돈으로 환전하는 습관을 들여야 한다. 직장인은 월급을 근무 일과 근무 시간으로 나누면 시급이 나온다. 예를 들어 한 달에 250만 원을 받는 직장인은,

250만원 ÷20일(평균 한달 근무 일수)÷8시간 = 15,625원

15,625원의 시급이 계산된다. 그러면 이렇게 계산된 시급을 생활에 적용하면서 시간의 중요성을 인식하면 조금 더 가슴에 와 닿는다. 드라마 1시간을 보면 내 돈 15,625원을 TV앞에서 버리게 되는 것이고, 웹툰을 30분 보면 내 돈 7,800원을 스마트폰을 통해 버리게 되는 것이다. 반대로 독서로 1시간을 보내면 15,625원을 지식을 쌓는데 투자한 것이고, 신문을 30분 보면 7,800원을 사회 돌아가는 상황에 유용하게 쓴 것이 된다. 그리고 이 시간을 가족들에게 투자하면 더 큰 가치를 얻게 된다.

시간을 돈처럼

시간 단가는 개인마다 다를 수 있다. 중요한 것은 시간을 돈과 같은 가치로 인식하는 습관이다. 이 습관을 통해 지금 내가 사용하고 있는 시간이 공짜가 아니라는 것을 깨달아야 한다. 눈앞에서 만 원짜리 한 장을 찢어 버리는 사람은 결단코 없을 것이다. 시간 또한 마찬가지의 가치를 가진다고 인식해야 한다. 한 시간이 일정 금액의 가치를 한다고 생각하면 비생산적인 일에 한 시간을 쾌척하는 모순적인 행동은 하

지 않을 것이다.

시간을 돈으로 환전했을 때 우리의 시간이 얼마나 가치 있고 소중한 것인지 새삼 피부로 느낄 수 있을 것이다. 아니 오히려 시간을 돈보다 더 가치 있게 사용해야 할 것이다. 돈은 잃을 수도 있고 노력을 통해 많이 벌 수도 있다. 하지만 흘러가는 시간은 오직 잃을 수밖에 없다. 지금도 눈앞에서 흘러가는 시간, 반드시 잡아야 한다. 시간은 더 벌 수도 없기에 가진 시간을 최대한 효율적으로 사용해야 한다.

일례로 현재 한국 사회의 가장들은 돈 벌어다 주는 기계로 전락한 사람들이 많다. 새벽 일찍 나가 밤 늦게까지 일만 하고 매월 월급을 꼬박꼬박 입금해주는 것으로 책임을 다했다고 생각한다. 그렇기 때문에 주말에는 당연히 누워서 TV를 봐야 하고 가족들과의 시간이 아닌 개인적인 휴식 시간을 가지려 한다.

그러나 가장의 역할은 물리적인 돈만을 벌어다주는 정도를 넘어서야 한다. 돈보다 더 가치 있는 시간을 가족들을 위해서 베풀어야 한다. 그것이 돈을 벌어다주는 것보다 더 가치 있게 시간을 사용하는 방법이다.

졸업은 없다.
끝없이 배워야 해

어떤 일이든 할 시간을 찾을 수는 없다. 시간을 원하면 만들어야 한다.
-찰스 벅스턴

변하는 세상, 변해야 하는 직장인

지금의 세상은 빠르게 변하고 있다. 과거에 새로운 기술이 발전되고 사회에 보편화되는데 시간이 많이 걸렸지만 현재의 기술들은 모두 단시간에 확산된다. 그리고 빠르게 변화한다. 우리는 이 세상에 적응하고 나름의 활로를 찾아야 한다.

미국의 알렉산더 그레이엄 벨은 1876년 전화기를 발명하고 전화기를 대중화한다. 이 전화기를 통해 약 100여 년간 멀리 있는 사람들과도 소식을 주고받을 수 있게 되었다. 그리고 2000년대 초반 핸드폰이 상용화되어 많은 이들이 핸드폰을 사용하게 된다. 2008년 스티브 잡스에 의해 아이폰이 출시되었고, 핸드폰은 더 이상 전화기의 기능만을 수행하지 않는다.

나는 집전화로 친구들에게 전화를 걸며 초등학교 시절을 보냈다. 그리고 삐삐라 불렸던 호출기를 사용하며 중학교 시절을 보냈고, 고가였던 휴대폰이 저가로 보급되면서 중학교 3학년 때부터 휴대폰을 사용하였다. 물론 고등학교는 기숙사 생활을 했기 때문에 수능 이후에 다시 내 개인 휴대폰을 마련할 수 있었다.

휴대폰도 아주 다양한 휴대폰을 썼다. 전화기 모양의 플립폰, 접히는 폴더폰, 바깥에 액정이 달린 듀얼폰, 밀어서 전화를 받던 슬라이드폰, 그리고 휴대폰의 개념을 바꾼 아이폰까지, 돌아보면 참 다양한 기술을 접했다.

재미 있는 것은 플립폰, 폴더폰을 쓸 때만 해도 이 이상의 것이 나올 수 있을까 하는 의구심이 들었다. 휴대폰은 전화기라는 고정관념이 깊숙이 박혀 있었기 때문이다. 하지만 아이폰이 등장하면서, 그리고 갤럭시폰이 등장하면서 휴대폰은 더 이상 전화기의 기능만을 수행하지 않았다. 휴대폰은 컴퓨터이자 카메라이고, MP3 기능까지 가지고 있었다. 지금은 스마트폰이라 하여 사람들이 없이는 살 수 없는 휴대용 기기로 진화했다.

3D프린터 발전의 경우는 더 극적이다. 요하네스 구텐베르크에 의해 1448년 인쇄기가 발명되었다. 그 후 약 500년이 지난 1950년대 컴퓨터 프린터가 개발되었다. 3D프린터는 30년이 지난 1984년에 개발된다. 기술의 발전 단계에 소요되는 시간이 급격히 줄어들고 있다.

음악 감상을 위한 기기도 빠르게 발전했다. 처음에는 워크맨을 들고 다니면서 음악을 들었고, 그 이후에는 CD플레이어, 그리고 큰 맘 먹고 MP3를 구매했던 기억이 있다. 당시 용량이 무려 128MB, 지금 사용하고 있는 스마트폰 용량은 64GB에 SD카드 32GB를 추가로 쓰고 있다. 실로 어마어마한 차이다. 이러한 기술발전이 10년 내에 이루어졌다.

놀랍게 변화하는 기술의 발전으로 인해 매 순간순간 배워야 한다. 세상은 지금껏 흘러온 것보다 더 빠르게 흘러갈 것이다. 지금까지 익숙하게 사용하고 있는 기술들이 얼마 지나지 않아 새로운 기술로 대체될 것이다. 새로운 기술은 삶을 편안하게 해 주지만 그 기술에 적응하기까지는 시행착오와 일정 기간의 시간이 필요하다.

다시 학생으로 샐러던트

보통 학생이란 말은 대학교와 대학원을 졸업하기 전까지 불리는 호칭이다. 학생은 학교에서 무엇인가를 배우고 연구하고 지도를 받는 사람을 의미한다. 학생이 되기 위해서는 학교 공동체에 소속이 되어 있어야 하고 전적으로 수업을 받아야 하며, 직장인과는 서로 다른 방면에 있는 사람처럼 여겨져 왔다.

내가 대학을 졸업할 때도 주위 친구들은 대학원으로 진학하는 학생 그룹과 직장으로 나가는 직장인 그룹으로 극명히 나뉘어졌다. 과거에는 대학까지 배운 지식을 가지고 사회를 살아갈 수 있었다. 그러나 사회가 빠르게 변화하고 발전하면서 더 이상 학생 때의 지식만으로는 사회에서 생존하기가 불가능해졌다. 직장에 들어가서 안정적으로 주어진 일만 하는 시대는 지났다.

이제는 지속적으로 새로운 것을 받아들이고 배우고 익히며 변화해야 하는 시대이다. 정신과 전문의 이시형 박사는 《공부하는 독종이 살아남는다》에서 불확실한 이 시대에 평생 공부를 해야 살아남는다고 주장한다.

> "어떤 시대가 와도 살아남기 위해서는 전천후 요격기가 되어야 합니다. (중략) 그러나 '결정적 한 방'이 없으면 안 됩니다. 그러기 위해선 많은 연구와 훈련, 누구도 흉내 낼 수 없는 구질, 그게 창조이고 공부입니다. 공부만한 투자는 없습니다."
>
> – 《공부하는 독종이 살아남는다》, 이시형[3]

직장인이면서 새롭게 배움의 자리에 임하는 사람을 샐러던트Salary man + Student = Saladent 라 부른다. 샐러던트는 이제 선택이 아닌 필수다. 우리는 생존을 위한 공부와 학습이 필요한 시기를 살고 있다.

공부를 위해서는 시간이 필요하다

직장인들은 전적으로 학업에 전념할 수 있는 학생과 다르다. 학생들은 원한다면 하루 종일 맡은 학업에 집중할 수 있다. 하지만 직장인들은 하루 대부분의 시간은 직장에서 맡은 일을 해야 한다. 그렇다고 직장인들이 새롭게 배워야 할 학습 분량이 적은 것은 아니다.

　한국방송통신대학교 재직 시절, 가벼운 마음으로 방통대 중국어과 3학년에 편입을 했다. 방통대는 직장을 겸해서 다니는 사람들이 많기 때문에 학습 분량이 그래도 일반 대학보다는 적을 것으로 내심 기대를 했다. 하지만 내 예상은 보기 좋게 빗나갔다. 매일 꾸준히 강의를 듣지 않으면 도저히 따라갈 수 없는 분량이었다. 심지어 시험공부를 위해서도 많은 시간을 투자해야 했다. 결국 처참한 성적표를 받아들고 한 학기만에 방통대 수업을 포기하고 말았다.

　직장인들은 학생들과는 다른 학습 및 시간 전략이 필요하다. 하루는 24시간으로 누구에게나 동일하다. 직장인들은 업무 시간을 제외하고 새벽 시간, 퇴근 이후의 시간, 그리고 업무 중간의 시간을 효과적이고 효율적으로 사용해야만 한다.

　시간은 필요하지만 전적으로 나를 위해 사용할 시간은 많지 않은 상황이다. 그렇기 때문에 자투리 시간을 소중히 여겨야 하고 그 시간을 전략적으로 사용해야만 한다. 조금 더 윤택한 삶을 위한 선택적인 시간 찾기가 아니다. 빠르게 변화하는 시대의 물결에 휩쓸려가지 않기 위해, 정글같은 세상에서 살아남기 위한 생존의 처절하고 치열한 몸부림이 바로 시간 찾기이다.

시간 찾기에 성공한 사람들

우리가 가진 시간이 적은 것이 아니라 우리가 활용하지 않은 시간이 많은 것이다.
-세네카

목표를 향한 쉼 없는 노력, 손정의

오르고 싶은 산을 정하는 것으로 인생의 반이 정해진다.

-손정의

손정의 소프트뱅크 사장은 재일 한국인으로서 입지전적의 성과를 낸 사람이다. 시대를 앞서가는 안목과 놀라운 추진력으로 일본 최대 소프트웨어 유통 회사이자 IT투자 기업인 소프트뱅크를 설립한다. 그리고 인터넷을 통한 세계적인 재벌로 우뚝 선다.

손정의 사장은 매 순간을 소중하게 사용하고, 꾸준히 사용한 것으로 유명하다. 그는 미국 유학 시절 매일 30분의 시간을 발명에 할애했다. 하루에 많은 시간은 아니지만 꾸준히 30분을 투자함으로써 새로운 것을 만들어 내려 노력하였다. 기존의 것들을 뜯어고치기도 하고, 서로 결합해보기도 하고, 분해해보기도 하였다.

이러한 과정을 거쳐서 탄생된 것이 음성인식 전자번역기이다. 매일의 짧은 시간을 투자해서 참신한 것을 만들어 낸 것이다. 손정의 사장은 음성인식 전자번역기로 당시 굴지의 기업이던 샤프와 계약을 했다. 이 계약으로 큰 돈인 1억 엔의 수입을 벌 수 있었다.

손정의 사장은 결코 시간을 허투로 사용하는 법이 없었다. 만성간염 진단으로 인생에 고비가 찾아왔을 때도 절망하지 않았다. 병원에서는 5년 이내의 생존을 장담할 수 없다고 하였다. 하지만 병세가 악화되는 와중에도 병상에서 4천 권이나 되는 책을 읽었다. 그 시간은 이후 손정의 사장의 사업 활동에 큰 자산이 되었다. 병상에서《료마가 간다》책을 통해 만난 일본의 영웅 사카모토 료마는 손정의 사장의 인생 멘토가 되었다.

손정의 사장은 속도에 목숨을 거는 사람이었다. 어렸을 때부터 달리기 경주를 할 때도, 공부를 할 때도 남들에게 뒤처지는 것을 병적으로 싫어했다. 속도에 대한 욕심을 가지고 있었기에 주어진 시간을 효과적으로 사용할 수 있었고, 이는 곧 속도가 생명인 소프트웨어 사업에서 큰 빛을 발했다. 그리고 이후 추진한 인터넷 사업에서도 손정의는 엄청난 추진력으로 지금의 자리에 오를 수 있었다.

시간이 흘러가는 것을 너무나 아까워하고, 그 시간을 효과적으로 사용함으로써 자신의 분야에서 놀라운 성공을 쟁취한 손정의 사장. 그는 숨어 있는 시간을 찾아내어 그 시간을 자신을 위해 사용하고, 목표를 위해 잘 활용하여 소프트웨어, 인터넷 분야에서 입지전적의 인물이 되었다.

l인 다(多)역, 벤저민 프랭클린

벤저민 프랭클린은 미국의 대표적인 과학자이자 외교관이고, 정치가이다. 과학자로서는 전기를 연구해서 피뢰침을 개발했고, 복초점 안경을 개발하였다. 외교관으로서는 프랑스, 영국과의 협상을 통해 미국의 독립을 쟁취하였다. 정치가로서는 미국이라는 나라가 세워지는데 기틀을 다졌다. 독립선언서, 미국 헌법 등이 프랭클린의 서명을 받은 중요 문서들이다.

이처럼 다양한 분야에서 많은 업적을 세운 프랭클린의 정규 교육은 단 2년에 불과하다. 이 모든 업적이 철저한 시간 관리와 스케줄 관리를 통한 자기주도학습을 통해 이루어졌다. 시간과 돈을 소중히 여기고 아낌으로써 다방면에 업적을 남길 수 있었으며, 지금까지도 시간 관리의 대명사로 남아 있다.

그는 스케줄을 장기 계획과 단기 계획으로 나누고, 매일매일 해야 하는 일을 구체적으로 구분하였다. 벤저민 프랭클린의 이름을 딴 프랭클린 플래너는 시간 관리를 하고자 하는 많은 이들에게 지금도 많이 팔리고 있다.

벤저민 프랭클린은 자신의 자서전을 통해 절제, 침묵, 순서, 결단, 검소, 성실, 정직, 정의, 적당함, 청결, 평온, 정절, 겸손의 13가지 정신을 강조한다. 프랭클린 스스로도 이 13가지 정신을 지키기 위해 매일 반성하고 삶을 돌아보면서 살았다고 한다.

시간의 소중함을 알고 철저히 관리하며 매일의 삶을 돌아보는 철저한 자기관리가 단 2년간의 정규 교육을 받은 벤저민 프랭클린을 미국 독립의 아버지, 뛰어난 과학자로 만들었다.

FINDING HIDDEN TIME

— Part 2 —

시간 찾기 기술

스마트폰,
세상을 보는 창으로

내일의 모든 꽃은 오늘의 씨앗 속에 있다.
- 중국 속담

스마트폰과 함께하는 하루

현대인의 일상은 스마트폰으로부터 시작해서 스마트폰으로 끝난다 해도 과언은 아니다. 현재 우리나라 국민 95%가 스마트폰을 사용하고 있다. 한국갤럽이 2023년 전국 18세 이상 성인 1,000명에게 현재 스마트폰 사용여부를 물었는데 97%가 사용한다고 대답했다. 한국 성인들의 스마트폰 사용 시간은 2019년 현재 3시간 55분으로 집계됐다.[5] 하루 24시간 중 잠자는 시간 8시간을 제외하면 깨어 있는 시간의 약 25%는 스마트폰을 들여다보고 있는 것이다.

평범한 직장인 A씨의 일상을 살펴보자. 새벽 6시 반 스마트폰 알람이 울리자 잠자리에서 일어난 A씨, 알람을 끄고 포털 앱을 이용하여 밤사이 일어난 주요 뉴스를 살핀다. A씨의 회사는 집에서 대중교통으로 한 시간 정도 떨어져 있는 곳이다. 집을 나서기 전 앱을 활용해서 회사까지 가는 버스가 어디쯤 있는지 확인한다. 버스에 올라 스마트폰을 단말기에 찍어 요금을 내고 자리에 앉는다.

출근 시간은 새로 올라온 웹툰을 보는 시간이다. 요일마다 새로운 웹툰이 올라와 힘든 출근길에 큰 위로가 된다. 웹툰을 다 보고 SNS 계정을 살핀다. 어제 올린 사진에 친구들이 '좋아요'를 많이 눌러줘서 기분이 좋다.

오전 업무 시간 시작, 쉴 새 없이 카톡이 울린다. 업무 협조 요청, 미팅 등 카톡으로 일정이 공유된다. 오전 업무가 정리될 때즈음 오늘 점심을 함께하기로 한 동료에게 약속 확인 카톡이 왔다. 바쁜 와중에 시간을 내서 앱을 통해 회사 근처 맛집을 검색하고 자리를 예약한다. 오후 업무를 하던 중 바쁜 일상을 SNS친구들에게 알리고자 게시글을 하나 올리고 업무 정리를 한다. 저녁 약속장소로 가기 위해서 지도 앱을 검색해서 위치를 확인하고 가는 방법 또한 검색한다.

친구들과 저녁을 먹으면서 틈틈이 야구 중계 결과를 지켜본다. 집으로 돌아오는 길 버스 안에서 스마트폰 게임을 통해 시간을 보낸다. 집에 도착해서는 미처 못 봤던 TV프로그램을 스마트폰으로 챙겨 보고 내일 아침을 위한 기상 알람을 설정하고 잠이 든다.

이와 같이 현대인의 삶은 스마트폰과 뗄 수 없는 밀접한 관련을 가지고 있다. 이제는 스마트폰이 단순한 전화를 넘어서 삶의 모든 영역에 깊숙이 관여하고 있다. 다시 말하면 우리가 스마트폰을 붙잡고 있는 시긴 또한 크게 늘어났다는 것을 의미한다. 그리고 시간 찾기를 위해서는 결국 스마트폰 사용 시간을 관리하는 것이 중요해졌다.

단순히 스마트폰을 하지 말자는 이야기를 하는 것이 아니다. 스마트폰을 꺼놓고 무조건 책을 펴야 한다는 식의 극단적인 주장을 하는 것은 더욱 아니다. 물리적으로 스마트폰 만지는 시간을 줄이는 것을 통해 숨은 시간을 찾는 것이 효과적인 것은 아니다. 스마트폰을 통해서 무엇을 하느냐, 스마트폰을 얼마나 효과적으로 활용하느냐에 관심을 두어야 한다.

대표적인 스마트폰을 이용해서 낭비되는 시간은 게임, 신변잡기 기사 클릭, TV프로그램 다시 보기 등이 있다. 나 또한 이 부분에서는 예외가 아니다. 나는 주로 웹툰을 많이 본다. 즐겁고 행복한 시간이지만 내가 원하는 삶을 살아가기 위해 그리고 숨어 있는 시간을 찾아야 하는 입장에서는 그리 생산적인 활동은 아니다.

대신 스마트폰을 통해서 이북 e-book 이나 새로운 뉴스 검색, 브런치 brunch 앱 등을 활용한 관심 있는 글 읽기 등은 종이책과 종이신문을 읽는 것보다 더 효율적이다. 짧은 시간을 쪼개서 읽는데 활용할 수 있고, 무거운 책을 들고 다니지 않아도 된다. 물론 종이로 책을 읽는 것이 책 읽는 참맛을 느끼는 것이라고 주장할 수도 있다.

하지만 우리는 태초부터 종이로 된 책을 읽은 것이 아니고 문명의 발달에 따라 돌, 나무 등에 기록하던 것을 종이로 기록하게끔 발전해 온 것이다. 종이책, 이북이 중요한 것은 아니다. 재료는 단순히 수단

일 뿐, 그 수단을 이용해서 정보를 얻고 효과적인 시간을 보내는 것이 목적이다.

또한 세상을 바꾸는 시간 15분, 테드[TED] 등 국내외 유명한 연사들의 지혜가 녹아들어가 있는 강연을 언제든 들을 수 있다. 인생의 멘토를 강연을 통해서 만나고 짧지만 강렬한 강의에 빠져 보는 것도 매우 유익한 시간 활용이다.

스마트폰, 게임기가 아닌 정보검색기로

스마트폰 보급이 활성화되면서 예전에는 지하철 타면 책을 보고 있었는데 요즘 사람들은 스마트폰만 보고 있다는 우려를 많이 한다. 하지만 스마트폰을 통해 무엇을 보고 있는지는 고려하지 않는다. 그저 스마트폰을 보는 것은 시간 낭비라는 고정관념이 자리 잡고 있다. 물론 게임을 하면서 시간 낭비하는 사람이 많이 있다. 중학생정도로 보이는 학생과 아파트 엘리베이터를 같이 탄 적이 있다. 스마트폰을 꺼내길래 슬쩍 쳐다봤다. 수많은 게임 앱이 깔려 있는 것을 보고 안타까운 마음이 들었다.

나는 퇴근할 때 지하철을 이용하는데 한 칸에 있는 사람들 대부분은 손에 스마트폰을 들고 바라보고 있다. 나 또한 메모를 하면서 스마트폰을 쥐고 있다. 각 사람이 스마트폰으로 무엇을 보고 있는지 궁금하다. 똑같은 1시간 동안 스마트폰을 붙잡고 있더라도, 게임을 하거나 TV 다시 보기 동영상을 시청하는 사람과 전공분야의 이북을 읽거나 관련 정보를 검색하는 사람의 결과는 다르다.

스마트폰을 통해 어떤 콘텐츠를 보는지, 어떠한 정보를 얻고 있는지가 가장 중요하다. 선택은 당신의 몫이다. 무궁무진한 일을 할 수 있는 비싼 스마트폰을 단순한 시간 보내기 용 게임기로 활용할 것인가, 아니면 그 비싼 값에 맞게 넓은 세상을 바라보는 창으로 활용할 것인가.

지금 당장
TV를 꺼라

시간을 최악으로 사용하는 사람들은 시간이 부족하다고 늘 불평하는데 일인자이다.
-라 브뤼에르

끔찍한 TV사랑

심심하고, 무료할 때, 퇴근했을 때, 힘든 한 주를 보내고 주말을 맞이했을 때 습관적으로 TV를 켠다. 힘든 현실을 잠시 잊을 수 있고, TV 속 연예인들이 웃음으로 내 아픔을 치유해준다. 바쁜 일이 있고, 약속이 있어서 보고 싶은 프로그램을 놓쳐도 걱정 없다. TV 다시 보기 서비스를 이용하면 언제든 내가 보고 싶은 프로그램을 몇 번이고 볼 수 있다.

방송통신위원회가 2015년에 발표한 '텔레비전 방송 채널 시장점유율 조사 결과'[6]에 따르면 한국인의 하루 TV 시청 시간은 3시간 11분이라고 한다. 2016년에 발표된 국민 여가 활동 조사를 확인해봐도 46.6%

의 사람들이 여가 시간에 'TV를 시청한다'라고 답했다. 이렇게 우리나라 사람들은 끔찍이도 TV를 사랑한다. 우리는 더 나은 인생을 살고 싶다면 TV시청 시간을 반드시 잡아야 한다. 이 시간을 미래를 위해 투자하는 시간으로 바꿔야만 지금보다 더 풍요로운 삶을 살 수 있다.

지금 우리 집에는 TV가 없다. 딸이 태어나면서 거실에 있던 TV를 없애고 빈자리를 책장으로 채웠다. 처음에는 마음에 허전한 느낌이 들어 소파에 앉아서 책장을 우두커니 보기도 했었다. 그때는 한창 드라마에 빠져 있던 때였다. 본방사수에 큰 의의를 두고 주말 저녁이면 만사를 제쳐 두고 집으로 들어왔다. 약속이 있어도 드라마 시작 시간이 되면 일찍 집으로 귀가했다. 만약 그럴 수 없을 때면 반드시 다시 보기를 통해 다음 주말이 오기 전에 봤다.

'공부를 이렇게 했으면 더 좋은 결과를 얻을 수 있었겠다'라는 생각이 잠시 들었다. 다행히 아이에게 TV를 최대한 늦게 보여줘야겠다는 아버지의 사랑이 TV를 보겠다는 욕구보다 커서 TV를 집에서 몰아낼 수 있었다. 이제는 그 시간을 아이와 함께 보낸다. 그로 인해 내가 하고 싶은 일에 좀 더 집중 할 수 있게 되었다.

끔찍한 TV 시청 결과

TV의 해악은 많은 연구를 통해 밝혀졌다. 샌프란시스코 노던 캘리포니아 교육 연구팀은 생활 습관, 인지 능력, 치매 등의 상관관계를 연구한 결과 TV를 하루 4시간 이상 시청하면 알츠하이머에 걸릴 위험이 높아지는 것으로 파악하였다.[7] 스페인 나바라대학 연구팀은 개인의 생활 습관과 TV시청 시간의 상관관계를 연구한 결과 하루에 3시간 이상 TV를 시청한 사람은 1시간 시청한 사람보다 조기 사망 확률이 2배 이상 증가한다는 결과가 나왔다.

특히 어린아이들이 영상물을 일찍 접했을 때 발달에 미치는 악영향이 많다는 사실을 밝혀냈다. 미국 소아학회는 '2세 미만의 아기들에게는 절대 TV를 보지 말게 할 것'을 강력하게 경고한다.[8] 이는 TV영상물이 아이의 뇌가 긍정적인 자극 받는 것을 방해하기 때문이다.

뇌는 전두엽과 후두엽으로 구성되어 있다. 후두엽은 사물을 보고 사물을 인식한다. 전두엽은 판단하고 생각하는 기능을 담당한다. 후두엽이 인식한 정보는 전두엽으로 전달되고, 전두엽이 활성화된다는 것은 머리가 똑똑해진다는 것과 일맥상통한다.

독서의 경우, 글자로 표기되어 있는 것은 시신경을 통해 후두엽이 인식하게 되고 그 정보는 전두엽으로 전달된다. 전두엽이 자극받으면서 개인의 사고 능력은 발달하게 된다. 하지만 TV를 시청하는 등 영상물의 경우는 후두엽만을 자극하게 된다. 영상물을 시청할 때는 후두엽에서 전두엽으로 영상정보가 전달되어 전두엽이 깊이 생각할 만큼의 여유가 없다. 그저 후두엽에서 영상신호만을 받아들이는 정도만 수행한다. 어린아이들의 경우 영상에 많이 노출될 경우에는 뇌 발달에 악영향을 미치게 된다.

신체 건강적인 측면뿐만 아니라 TV는 시간적인 측면에서도 큰 영향을 미친다. TV를 켜고 얼마 안 본 것 같은데 한두 시간은 훌쩍 지나가 버린 경험이 한 번씩은 있을 것이다. 이것만 보고 자려고 했는데 잘 시간을 넘어 새벽이 되어 버린다.

이렇게 흘러간 시간은 절대 돌아오지 않는다. 흘러가 버린 시간을 원망하며 TV를 꺼보지만 그 허전함은 이루 말할 수 없다. TV 보는 것을 기차에 타는 것에 비유하고 우리의 목표는 서울에 남아 있는 것이라 가정해보자. 부산행 KTX는 서울역을 출발해서 광명, 오송, 대전, 대구 등을 정차하고 부산에 도착한다. 한번 달리기 시작한 기차에서 내릴 수 없듯이 TV를 켜면 중간에 끄기란 쉬운 일이 아니다.

하지만 우리에게는 선택의 순간들이 몇 번 온다. 첫 번째는 처음부터 기차에 타지 않는 것이다. 우리의 목표가 서울에 남는 것이라면 부산행 KTX에 타면 안 된다. 두 번째, 불행히도 부산행 KTX에 탑승하였다면 최대한 서울에 가까운 곳에서 내려야 한다. 광명에서 내리면 그나마 좋다. 오송도 다시 돌아오는 시간이 오래 걸리지는 않는다. 점점 부산에 가까워질수록 우리의 소중한 시간은 낭비된다.

그렇다면 결심해야 한다. 처음부터 TV를 켜지 않는 것이 최선의 선택이다. 나처럼 TV를 집에서 없애는 것도 추천한다. 혹시 보고 싶은 프로그램이 있어서, 또는 지치고 힘든 마음을 달래기 위해서 TV를 켰다면 과감히 지금 이 순간 꺼야 한다. 그렇지 않으면 돌아오는데 필요한 시간은 점점 더 커지게 되고 이로 인해 소중한 시간은 낭비된다. TV를 집에서 몰아내는 과격하지만 획기적인 결단을 통해서 우리의 시간을 지키자. 혁신적인 도전이 어렵다면 더 나은 인생을 살기 위해서 지금 당장 TV를 끄자!

시간 낭비는 죄다

인간은 항상 시간이 모자란다고 불평을 하면서 마치 시간이 무한정 있는 것처럼 행동한다.
-세네카

나태지옥

웹툰 작가 주호민 씨의 작품 〈신과 함께〉를 원작으로 동명의 영화 '신과 함께'가 2017년 말 개봉하였다. 개봉 후 이 영화는 엄청난 반향을 불러 일으켰고, 천만 관객을 불러모아 명실상부 대한민국 최고의 영화 중 하나가 되었다.

영화 '신과 함께'는 소방관으로 인생을 살다가 죽음을 맞이한 주인 공이 저승 3차사와 함께 49일 동안 7가지 지옥에서 재판을 받는 상황을 기초로 한다. 살인, 나태, 거짓, 불의, 배신, 폭력, 천륜 등 지옥의 이야기가 그려진다. 그중에 내 관심을 사로잡았던 지옥은 바로 나태지옥이었다. 이승에서 한평생을 나태하게 살아 인생을 허비한 사람들을 처벌하는 곳이다.

나태지옥에 빠진 사람들은 구르는 돌의 추격을 영원히 받으며 쉼 없이 달려야 하는 형벌을 받는다. 상상 속의 지옥을 그렇게 표현할 정도로 사람들의 마음 가운데 나태함은 죄라는 인식이 자리 잡고 있다. 독일의 사회과학자 막스 베버는 그의 책《프로테스탄티즘의 윤리와 자본주의의 정신》에서 시간 낭비는 최고의 중죄라고 주장한다.

> "시간 낭비는 모든 죄 중에서 최고의 중죄이다. 인생의 기간은 각자의 부르심을 확인하기에는 너무 짧고 소중하다. 사교, 무익한 잡담, 사치 등을 통한 시간 낭비, 그리고 건강에 필요한 만큼을 상회하는 수면 시간에 의한 낭비는 도덕적으로 큰 비난을 받는다. 시간은 무한히 귀중한 것이다. 왜냐하면 낭비된 모든 시간은 신의 영광에 봉사하는 노동에서 감해지기 때문이다. 그러므로 비활동적인 명상은 적어도 그것이 직업 노동을 희생하고 행해진 것에 한해서는 무가치하고 궁극적으로 단연 배척되어야 할 것이다."
>
> *- 《프로테스탄티즘의 윤리와 자본주의의 정신》, 막스베버[9]*

시간은 우리의 어떠함으로 인해서 주어진 것이 아니다. 선물로 주어진 것이다. 내 노력과 열심이 아닌 선물로 받은 소중한 것이기에 그 가치에 맞게 소중히 사용해야 한다. 우리는 어릴 때부터 배움에 의해서든 스스로 깨달았든 마음속 깊은 곳에서부터 시간을 잘 써야 한다는 부담감을 가지고 있다. 학교를 다니면서 수업을 받으면서도, 수업을 마치고 집에 가서도 무작정 놀고만 있으면 마음 한구석에 왠지 모를 불편함이 있다. 지금 이 순간 우리는 그 불편함에 정직하게 반응해야 한다.

시간 측정

지구상에 살고 있는 존재 중에서 사람만이 시간을 잰다. 과거 과학 기술이 발전하기 전부터 사람들은 시간을 재려고 노력했다. 동물들은 해가 뜨면 일어나 먹이를 먹고 생활을 하고, 해가 져서 어두워지면 잠을 잔다. 사람도 유목을 하며 떠돌아다니던 시절에는 동물들의 생활과 유사했을 것이다.

하지만 문명이 발전하고, 농경문화가 발전함에 따라 계절과 시간에 대한 관리의 필요성이 커졌다. 더불어 이 시간을 재고자 하는 마음이 생겼다. 낮과 밤을 나누고, 낮도 오전과 오후의 구간으로 나누고 달의 변화에 따라 일정한 시간의 집합을 만들면서 전체적인 시간의 틀을 잡아갔다.

태양의 흐름을 통해, 물의 떨어짐을 통해, 그리고 지금도 종종 사용하고 있는 모래의 떨어짐을 통해 일정한 시간이 지나가고 있음을 인식한다. 과거 그리스와 고대 이집트 시절부터 해시계와 물시계 등을 사용하였고, 특히 이집트에서는 달력을 만들어 사용했다는 고고학적 증거도 찾아볼 수 있다. 그때부터 시작된 시간 측정은 현대 기술이 발전함에 따라 지금은 위성을 이용한 오차가 거의 없는 시간을 제공받고 사용한다.

같은 시간, 다른 가치

우리는 지금 같은 시대, 같은 시간을 살고 있지만 시간은 각자에게 다른 의미와 다른 가치로 다가온다. 똑같은 한 시간을 보냈지만, 열심히 미래를 위해 독서를 한 사람과, 지금의 기쁨을 위해 게임을 한 사람의 한 시간 가치는 확연히 다르다.

시간이 흘러가는 것 자체가 삶을 사는 것을 의미하는 것은 아니다. 흘러가는 시간 동안 어떻게 살아가고, 어떠한 마음가짐으로 삶을 받아들이느냐가 중요하다. 우리는 주어진 시간을 각자 나름의 방식대로 있는 자리에서 감당하고 살아내야만 한다. 지금 이 순간에도 모두의 같은 시간은 유유히 흘러가고 있으나, 그 시간의 가치는 각 개인의 생각과 행동에 따라 다르게 평가된다.

이미 낭비한 시간은
잊어라

잘못 쓴 시간은 산 것이 아니라 잃어버린 것이다.
-토마스 풀러

매몰비용

우리는 살면서 늘 후회를 한다.

"아, 고등학생 때 좀 더 열심히 공부할 걸."

"대학생 때 술 좀 그만 마시고 시간을 알차게 보낼 걸."

"게임 좀 그만할 걸."

드라마나 영화에서는 주인공이 종종 타임슬립time slip을 통해 과거로 돌아가 후회되는 시간을 되돌리기도, 현재의 가치를 깨닫는 장면이 묘사되기도 한다. 나 또한 그런 장면을 볼 때 부럽기도 하고 '나도 돌아간다면 어떤 시점으로 돌아가 어떤 상황을 좀 바꾸고 싶은데'라고 행복한 상상을 해 본다.

　하지만 현실에서는 그러한 일이 일어나지 않을 뿐더러 과거에 대한 후회는 현재를 살아가는데 아무런 도움이 되지 않는다. 오히려 후회하는데 사용하는 시간조차 낭비되고 만다.

　한때 대한민국에 비트코인 광풍이 불었다. 비트코인은 지폐나 동전과 달리 물리적 형태가 없는 온라인 가상화폐로서 가치가 등락을 거듭했다. 이는 투기 열풍을 몰고 왔지만 여러 정부 정책과 맞물리며 안정세를 찾았다. 주식의 경우 개장 시간과 폐장 시간이 정해져 있어서 그 시간만 시세를 확인하면 된다. 반면 비트코인은 별도의 개·폐장 시간이 없기에 24시간 시세 확인을 하며 보유한 비트코인의 가치를 관리한다.

　비트코인 시세 급락의 시기에는 적절히 손절을 하고 빠져나와야 한다. 하지만 주식과 마찬가지로 비트코인도 속절없이 떨어지는 그래프를 바라보고만 있는 사람들이 많다. 다시 오를 것을 기대하고 기다리는 사람도 있지만, 지금까지 비트코인에 투자한 시간과 돈이 아까워서, 즉 본전 생각이 나서 손을 못 뗀다는 이유도 많다. 그러다 보니 그 기다림의 결과로 더 큰 손해를 보는 경우가 많다.

　이러한 상황을 경제학에서는 '매몰비용sunk cost'이라 부른다. 매몰비용은 이미 의사결정을 실행한 후에 발생하는 비용 중 회수할 수 없는 비용을 의미한다. 즉 미래의 비용이나 편익에 전혀 도움을 주지 못하는 비용이다. 사람의 심리상 금전과 시간이 투자되면 그에 합당한 결과를 보고 싶은 것은 당연하다. 하지만 모든 일이 마음먹은 대로 되지는 않는다. 본전 생각 때문에 잘못된 일에 계속 메어 있으면 더 큰 손해를 볼 수 있다.

매몰비용과 유사한 용어로는 '콩코드 효과'라는 말이 있다. 1969년 프랑스와 영국은 콩코드 비행기에 합작투자를 하였고 1976년부터 콩코드 비행기는 실제 노선에 투입된다. 콩코드 비행기는 당시 속도 면에서 엄청난 기술진보를 이뤘다. 기존의 비행기로는 파리-뉴욕 간 비행 시 약 7시간이 소요되었지만 콩코드 비행기는 3시간으로 절반이상 비행 시간을 단축하였다.

그러나 기체 생산단가가 높고 승객을 많이 태울 수 없는 단점 등을 품고 있었다. 흔히 이야기하는 가성비가 떨어지는 제품임을 모두가 알고 있었지만 그동안 개발에 투자된 비용이 아까워 지속적으로 투자 및 운항을 했다. 이후 총 190억 달러를 소비하고 나서야 2003년 4월 운항이 중단됐다.

우리의 생활 가운데서도 이러한 매몰비용을 포기 못하고 오히려 더 큰 비용을 치르는 일들이 많다. 영화를 보기 위해 티켓을 구매하고 팝콘까지 사서 영화관에 들어갔다. 하지만 영화가 너무 재미가 없다. 영화관까지 온 노력, 티켓 값과 팝콘 값이 아까워서, 그리고 같이 간 여자 친구가 핀잔을 줄까 봐 계속 자리를 지킨다면 영화가 끝날 때까지의 시간이 추가로 들어간 것이다. 이럴 때는 뒤도 돌아보지 말고 벌떡 일어서서 영화관을 나와야 한다.

시간 활용도 마찬가지다. '아니다'라고 판단되면 미련 없이 버려야 한다. 지금까지의 시간이 아까워서 계속 붙들고 있으면 더 많은 시간을 낭비하게 된다. 잘못한 일, 낭비한 일, 내 계획과 어긋난 일은 계속 머릿속을 맴돈다. 깊은 후회로 남을 수도 있다. 이러한 일들을 빠르게 잊고 떨쳐 버리는 것도 앞으로의 시간을 효과적으로 사용할 수 있는 방법이다. 과거를 돌아보는 일은 그 과거를 토대로 미래에 똑같은 실수를 저지르지 않겠다는 굳은 다짐으로 충분하다. 그 이상은 시간을 더 낭비하는 어리석은 행동이다.

과거는 아프다.
하지만 배울 것을 찾아야 한다

라이온킹은 디즈니 명작 중의 하나이다. 주인공 심바가 행복한 삶을 살다가 삼촌의 음모에 빠져 어려움을 겪는다. 하지만 결국 모든 것을 극복하고 행복한 삶을 회복한다는 내용이다. 아픈 과거를 떠올리며 마음 아파하고 잘못된 모든 것을 제자리로 돌려놓기 위해 고민하는 심바에게 지혜로운 원숭이 라피키는 이같이 조언한다.

"과거는 아프지, 하지만 방법은 둘 중 하나야, 과거로부터 도망치던가, 배울 것을 찾던가."

우리의 과거를 돌아보면 실패투성이다. 아픈 과거를 돌아보고 고개를 흔드는 우리에게 지혜로운 원숭이 라피키는 말한다. "과거로부터 도망치던가, 배울 것을 찾던가." 심바는 아픈 과거로부터 도망치지 않고 당당히 맞서 싸워 행복을 되찾는다. 우리도 아픈 과거에 얽매이지 말고, 실패를 미래의 성공을 위한 초석으로 삼아야 한다.

나는 공무원으로 임용되고 두 번이나 부처를 이동했다. 공무원 사회에서도 부처 이동이 공식적으로 이루어지고 있지만 아직까지 부처를 이동한다는 것은 그것도 두 번이나 이동한 것은 꽤 이례적인 일이다. 아무리 하고 싶은 업무였어도 두 부처를 모두 경험해 본 사람으로서는 비교가 될 수밖에 없다.

'전 부처에서는 이런 부분이 좋았는데 여기는 별로네'라는 생각이 머릿속에 가득해질 때 '괜히 옮겼나!' 하는 후회도 종종 들었다. 심할 때는 하루 업무를 제대로 수행할 수 없을 정도로 후회가 머릿속에 가득했다. 업무에 집중하지 못하니 성과도 떨어졌다. 이래서는 안 된다고 생각하고 이미 지나간 시간은 모두 잊어버리기로 의식적으로 다짐했다. 지금 와서 후회한다고 해도 변하는 것은 하나도 없기 때문이다. 대신 현재의 부처와 현재의 업무에 더 집중하고 최선을 다하기로 했다.

이미 지나간 시간은 매몰비용이다. 내가 흘려버린 시간을 두고두고 기억하고, 후회하거나 혹은 만족해하는 것은 잠깐으로 족하다. 이제는 과거를 돌아보지 말고 미래를 기대하며 현재의 삶을 충실히 살아야 한다.

시간 찾기 최대의 적은
게으름

늦게 일어나는 사람은 종일 급하게 보낸다.
- 벤저민 프랭클린

게으름의 굴레

우리는 대부분의 일에 정해진 기한을 가지고 있다. 등교 시간, 출근 시간, 약속 시간, 병원 예약 시간과 같이 정해진 시간에 맞춰서 가야 한다. 시간을 지키는 것은 사회구성원 간의 약속이고, 개인의 얼굴이며 신용이 된다. 하지만 때때로 게으름의 유혹이 찾아온다. 습관적인 게으름이든 상황적인 게으름이든 게으름이 찾아올 때 우리는 쉽게 게으름과 타협한다.

게으름의 가장 대표적인 예는 지각이다. 주위를 보면 지각을 하는 사람들이 종종 있다. 재밌는 것은 지각하는 사람은 늘 하던 사람이 지각을 한다. 학교 다닐 때를 기억해보자. 8시까지 학교에 등교를 해야 한다면 7시 55분부터 교문 앞은 분주해진다. 멀리서부터 가방을 들고 뛰어오는 학생, 부모님의 차에서 급하게 내리는 학생 등 수많은 모습으로 지각을 피하기 위해 몸부림친다. 8시가 되면, 교문을 지키는 선생님의 눈매가 매서워지면서 지각한 학생들은 꾸중을 듣는다.

나도 학교 다닐 때 지각을 꽤나 많이 했다. 특히 고등학교 시절에는 기숙사에 살았는데, 기숙사에서 교실까지는 단 3분 거리였다. 하지만 그 시간도 맞추지 못해서 지각을 했고, 벌로 오리걸음을 많이 했다. 5분만 일찍 기숙사를 나서면 되는데, 아침 먹고 그냥 교실로 바로 가면 되는데, 양치한다는 핑계로 기숙사에 들러서 꾸물대다가 지각을 했다.

재밌는 영화에 대한 극찬 중 하나가 '한 번도 안 본 사람은 있어도 한 번만 본 사람은 없다'는 것이다. 이것을 지각에 대입시키면 '지각을 한 번도 안 한 사람은 있어도 한 번만 지각한 사람은 없다'로 바꿀 수 있다. 그 정도로 지각은 습관성이며 한 번 게으름의 굴레에 빠진 사람은 그 굴레를 벗어나기가 쉽지 않다.

지각을 피하는 역산의 마법

지각하는 가장 큰 이유는 바로 늦잠이다. 아침에 일어나지 못하니 당연히 늦을 수밖에 없는 것이다. 9시까지 회사를 가야 하는데 8시 반에 일어난다면 당연히 지각할 수밖에 없다. 아침에 일찍 일어나서 물리적인 시간을 확보해야 한다. 이렇게 당연한 말도 없다. "빵이 없으면 케이크를 먹으면 되지." 하고 이야기했던 프랑스 왕비 마리 앙투아네트가 생각난다. 나도 아침에 일어나는 것을 매우 힘들어 한다. 힘든 아침에 일어나기 위해서는 결국 외부 상황을 이용해야 하는데 인간의 의지가 매우 약해 스스로와의 약속은 여지없이 깨지고 만다.

아침에 일어나기 위해서는 **역산의 마법**을 활용해야 한다. 역산은 수학적 용어로 순서를 거꾸로 하여 뒤쪽에서 앞쪽으로 거슬러 계산하는 것을 의미한다. 그러므로 역산의 마법이란 본인이 반드시 일어나야만 하는 시간에 알람을 맞춰놓음으로써 고민할 여지없이 알람과 함께 일어나는 것이다. 나와의 약속이 아닌 외부적 상황과의 약속을 통해 자꾸만 게으름에 다가가는 본성을 거슬러야 한다.

9시까지 출근이고, 통근 시간이 1시간 걸리며 내가 필요한 준비 시간이 1시간이라면 최소 7시에는 일어나야 한다. 지각을 하지 않기로 굳은 결심을 하고 잠자리에 들기 전 6시정도로 이른 알람을 맞춰놓는 경우가 있다. 6시에 알람이 울려서 깬 상황을 상상해보자. 출근이라는 외부적 상황을 고려해서 눈을 떴지만 곧 '1시간이나 여유가 있네'라는 생각이 들고 이어서 '잠깐만 누웠다가 일어나야지'라는 나와의 약속을 새롭게 맺게 될 것이다. 경험해 본 사람은 알다시피 아침에 잠깐 눈을 감았다 뜨면 한 시간 이상은 족히 지나 있는 경우가 많다.

사람의 심리상, 생각보다 시간이 있으면 나와의 약속을 통해 더 누워 있을 핑계를 찾게 된다. 결과적으로 일찍 일어나려고 하는 과도한 욕심은 오히려 지각을 부르는 불씨가 된다. 일찍 일어나기로 결심하고 도전하는 상황이라면 역산의 마법을 적극적으로 활용하자. 알람을 들었을 때 일어나지 않을 수 없는 시간에 기상 알람을 설정해놓고 알람이 울리자마자 기계적으로 준비해야 한다.

필수 소지물품은 항상 그 자리에

게으름의 대명사 지각을 하지 않기 위해서는 아침 시간을 최대한 절약해서 써야 한다. 자주 쓰는 물건은 정해진 자리에 항상 두어야 한다. 현대 사회에서 직장인이 외출 시 꼭 필요한 물건들이 있다. 나는 핸드폰, 지갑, 사원증, 차키 등 외출할 때마다 꼭 가지고 나가야 하는 물건을 필수 소지물품이라 부른다. 필수 소지물품은 개인마다 다르다.

나같은 경우에는 핸드폰, 지갑, 손목시계, 립클로즈, 다이어리, 공무원증이 출근 시 필수 소지물품이다. 이외에 버스에서 읽을 책, 안경닦이, 물티슈 등이 가방에 들어간다. 아침에 필수 소지물품을 찾는데 얼마나 걸리는지 생각해보자.

알람 울리는 핸드폰을 찾아서 이불을 뒤적거려 본 경험은 없는가? 무거운 발걸음으로 집을 나왔다가 지갑이 없어서 다시 올라간 경험은 없는가? 필수 소지물품을 찾아다니는데 꽤 많은 시간이 소요된다면 약속된 자리에 두는 것만으로 최소 몇분의 아침 시간을 절약할 수 있다.

내 고향집은 예전에 열쇠로 열고 현관문을 들어가야 했다. 지금은 비밀번호 도어락이 대부분이지만 그때 만해도 비밀번호 도어락은 그리 흔하지 않았고 현관문 열쇠를 가지고 다녔다. 이 당시에는 핸드폰도 없을 때였고, 걸어서 학교를 다니니 지갑도 그리 클 필요는 없었다.

오직 현관문 열쇠만이 내 필수 소지물품이었다.

부모님께서 맞벌이를 하셨기 때문에 열쇠가 없으면 집에 들어갈 수가 없었다. 열쇠를 놓고 가면 한없이 집 앞 계단에 앉아 부모님께서 오실 때까지 기다려야 했다. 그래서 열쇠 자리가 정해져 있었다. 아버지 열쇠, 어머니 열쇠, 내 열쇠 이렇게 세 개의 열쇠가 신발장 옆 테이블에 가지런히 놓여 있었다.

아침에 혹은 오후에 나갈 때 이 열쇠를 챙겨 나간다. 챙기는 시간은 10초도 걸리지 않았다. 정해진 자리에서 집어 들고 나가고, 들어와서 정해진 자리에만 놓으면 된다. 시대가 지나고, 삶이 복잡해지면서 필수 소지물품은 늘었다. 하지만 그것들을 정해진 자리에 놓는 사소한 수고를 감당한다면 아침의 소중한 시간을 아낄 수 있다.

긍정의 힘은 잠시만 안녕

긍정의 힘은 살아가는데 매우 중요하다. 긍정의 힘으로 인생역전을 이룬 많은 사례들도 있다. 부정적인 생각에 사로잡혀서 인생을 무기력하게 살아가는 것보다는 긍정의 힘으로 목표를 향해 힘차게 달려가는 삶이 더 생산적인 삶이다.

이지성 작가는 《꿈꾸는 다락방》에서 R=VD 공식을 제시하고 꿈을 현실화한 많은 사람의 예화를 다룬다.[10] '생생하게Vivid 꿈꾸면Dream 그것이 현실이 된다Realization'는 것이다. 나 또한 이 책을 매우 감명 깊게 읽고 늘 생생히 꿈꾸려고 노력한다.

하지만 시간 관리에 있어서 특히 지각을 하지 않기 위해서는 긍정적인 생각을 잠시 접어 둬야 한다. 1시간 걸리는 거리를 생생하게 꿈꾸면 이루어진다는 긍정의 생각으로 30분 전에 출발하고서 제 시간에 도착하려는 것은 욕심이고 잘못된 판단이다. 특히 거리의 상황은 늘 정확히 예측할 수 없기 때문에 최악의 상황까지는 아니지만 어느 정도의 나쁜 상황을 염두에 두고 여유 있게 집에서 출발해야 한다.

나는 외출하기 전에 스마트폰을 통해서 목적지까지 걸리는 시간을 확인한다. 차로 이동한다면 네비게이션 어플을, 대중교통을 이용한다면 지도 어플을 주로 이용한다. 그리고 어플에서 이야기해주는 시간정도 여유를 두고 집에서 출발하지만 보통 그 시간보다 더 걸린다. 길이 막힐 수도 있고 환승하는 도중 연결이 잘 안될 수 있기 때문이다.

시간에 있어서 만큼은 긍정의 힘을 잠시 접어 두고 넉넉한 여유 시간을 확보해야 한다. 이것은 지각을 피하기 위한 선택이 아닌 필수요소이다.

부지런함은 학습이다

나는 아침형 인간이 아니다. 아침잠도 많고 본능에 맡긴다면 얼마든지 게으르게 살 수 있다. 하지만 마음 깊은 곳에 아침형 인간에 대한 기대감과 책임감이 있다. 아침형 인간에 대한 마음은 바로 어머니의 모습을 보면서 알게 모르게 내 마음속에 학습되었다.

내 어머니는 새벽형 인간이다. 30여 년간 특별한 사정이 없는 한 새벽예배를 다니시며 새벽을 깨웠다. 본인이 새벽 시간의 소중함을 경험하셨기에 내게도 끊임없이 새벽의 중요성에 대해 강조하셨다. 그나마 게으른 본성을 가진 내가 아침 시간에 대한 중요성을 머리로라도 알고 있는 것은 모두 어머니 덕분이다.

매일 아침 어머니의 삶을 보며 '나도 저렇게 살면 참 좋겠다'라는 생각을 했고, 실제로도 기회가 있을 때마다 새벽예배도 함께 참여하고 운동도 함께했다. 지금은 어머니처럼 새벽 4시 반에 일어나 시간을 활용하는 정도는 아니지만 최소한의 내 아침 시간을 확보하고 사용하며 살아가고 있다. 세상에는 천성이 부지런한 사람도 있고 잠을 조금 자도 회복력이 빠른 사람도 있다. 하지만 그런 사람은 일부분이다.

부지런함도 학습이 필요하다. 보고 배운 것을 통해 한두 번 실행해 보고 그것이 쌓여 삶의 일부분이 된다. 주변에 부지런하게 살고 있는 사람을 알고 있다면 그 사람을 롤모델로 하여 부지런함을 배워 보자. 혹시 주변에 그런 사람이 없다면 새벽의 시간을 잘 이용했던 위인을 모델로 삼아서 도전하는 것도 좋다.

세종대왕은 과거 역사적 인물 중 새벽 시간을 잘 활용한 위인이다. 그는 늘 5시에 일어나서 회의와 독서를 하며 시간 활용을 했다. 현대 그룹의 창업자인 정주영 명예회장도 5시에 기상해 새벽 시간을 효과적으로 활용한 인물이다. 당신이 새벽 시간을 잘 활용한다면, 아이들 또한 당신의 모습을 보고 변화할 것이다. 자녀는 부모의 거울이다. 아이들은 부모의 삶을 보고 자란다. 그리고 그 삶을 거의 유사하게 투영해낸다.

내 딸은 2살이 되니 부모의 행동을 비슷하게 따라한다. 나는 냉장고에 있는 물을 컵에 따라 마시지 않고 물병을 그냥 들고 마시는 안 좋은 습관이 있다. 고쳐야지 생각하면서도 무의식중으로 계속 물병을 들고 물을 마셨다. 어느날 아이가 조그마한 페트병을 들고 놀다가 병째 물을 마시는 시늉을 하였다. 그것을 보며 아차 싶었다. 내 행동을 아이는 유심히 보고 있다가 기회가 생기자 그대로 따라하는 것이다. 그 후로 나는 물을 컵에 따라 마신다. 부모는 누구나 자녀에게 좋은 것만을 전해주고 싶어 한다. 하지만 그것들은 결국 행동으로 보여줘야 한다.

말로만 가르쳐서는 공허한 메아리로 끝날 가능성이 높다. 일찍 일어나야 한다고 가르치면서 당신은 아침에 늦게 일어난다면 당신의 아이 또한 게으른 아침을 맞이할 것이다. 시간을 잘 써야 한다고 말하면서 누워서 스마트폰을 보고 있는가. 당신의 아이는 시간을 잘 써야 한다는 이야기는 깨끗이 잊은 채 누워서 스마트폰을 볼 것이다. 시간이 없다고 습관처럼 이야기하는 그 불평이 내 아이 입에 나올 것이다.

이러한 상상들이 두렵지 않은가. 아이들은 우리가 말한 대로 살지 않고 우리의 등을 보고 살아간다. 그렇기 때문에 우리가 먼저 좋은 모습의 본을 아이들에게 보여야 한다. 게을러지려 할 때, 의지가 약해질 때 우리 아이들의 모습을 생각하면서 이겨 내야 한다.

회사, 줄 건 주고
받을 건 받자

시간의 진정한 가치를 깨달으라. 매 순간을 낚아채고, 거머쥐고, 즐기라. 무료하게 보내거나,
게으름을 피우거나, 뒤로 미루지 마라. 오늘 할 수 있는 일을 절대 내일로 미루지 말라.
- 체스터필드 경

시간 찾기를 위한 회사 생활

직장인들은 하루 대부분의 시간을 직장에서 보낸다. 9시부터 6시까지 근무하는 직장인을 예로 들 때, 산술적으로 회사에서 보내는 시간은 9시간이지만, 출근 준비 시간, 출퇴근 시간 등을 포함하면 10시간이 훌쩍 넘어간다.

한국 사회는 직장인들에게 헌신적인 근로를 요구해왔다. OECD발표에 따르면 한국인의 2016년 연간 노동 시간은 2,069시간으로 OECD 회원국 34개 가운데 멕시코(2255시간)에 이어 2위를 기록했다. OECD평균 시간보다 306시간이 더 길고, 주요 회원국인 미국(1783시간), 일본

(1713시간), 영국(1673시간)보다 월등히 길다.

이러한 현상으로 인해 정치권에서도 '저녁이 있는 삶' 등을 슬로건으로 내걸며 근로 시간 줄이기에 앞장서고 있다. 잠자는 시간을 제외하고 삶의 대부분의 시간을 보내고 있는 회사에서는 어떻게 시간 찾기를 해야 할까?

나와 회사를 철저히 분리시키는 작업이 필요하다. 과거 산업 발전 시대에는 급격한 경제성장을 이루는 과정에서 필연적으로 회사를 위한 헌신이 필요했다. '나는 곧 회사이며 회사는 곧 나'라는 일심동체 정신이 내 귀중한 시간을 필요 이상으로 회사에 사용하게 만들었다. 오죽하면 직책 중에 '대리'라는 직책이 만들어졌을까. 회사를 대신해서 내가 일한다는 생각이 직책명에 고스란히 드러난다.

이러한 상황 때문에 '내가 없으면 회사는 굴러가지 않을 거야'라는 착각 아닌 착각에 빠진 직장인들이 많다. 아파도 내가 없으면 회사가 안 돌아간다는 행복한 상상으로 제대로 쉬지도 못했다. 회사는 직원이 이러한 생각을 가지도록 은근히 유도하며 방관해왔다.

이러한 생각은 결코 사실이 아니다. 냉정한 이야기지만 당신이 없더라도 회사는 굴러간다. 회사는 시스템으로 그리고 조직적으로 돌아간다. 한두 사람이 빠진다고 해서 큰 문제가 생길 수 없게끔 설계를 해놓았다. 혹 당신이 빠짐으로써 회사가 문제가 생긴다면 그것은 시스템을 구축하지 않은 회사의 잘못이다. 이제는 회사와 내가, 일심동체가 아님을 깨달아야 할 때이다. 나는 나이고, 회사는 회사, 개별적인 의식을 가져야 한다.

또한 회사와는 계약으로 이루어진 관계임을 기억하고 내 개인 생활과 회사 생활을 철저히 분리해야 한다. 더군다나 지금은 4차 산업혁명 시대를 앞두고 있다. 단순히 많은 시간을 회사 업무에 투자하는 것으로 열심히 일하는 것을 증명하는 시대는 지났다. 짧은 시간에 맡은 일을 다 해내는 능력이 더 각광 받는 시대이다.

따뜻한 단어, 가족

한국은 정에 의한 사회이다. 한국 사람들은 정을 매우 좋아한다. 그리고 정에 의한 결정을 많이 한다. 합리적이지 않아 보여도 정에 이끌린 결론이 유독 한국 사회에는 많다. 오죽하면 초코과자에도 '정情'을 써서 판매를 할까.

'또 하나의 가족', 오래전 모 대기업의 광고 카피이다. 정을 좋아하는 한국 사람들은 가족이라는 단어에 큰 애틋함을 가지고 있다. 가족을 떠올리면 푸근함, 따뜻함, 그리고 아련함을 추억한다. 사람들이 만나 조금 친밀감이 쌓이면 우리는 가족이라며 동지애를 불태운다.

가족 같은 회사?

이러한 한국 사람들의 마음이 투영된 결과물이 가족 같은 회사이다. 따뜻한 가족, 엄하지만 가족을 위해 헌신적인 아버지와 자애로운 어머니가 계시는 곳, 살벌한 전쟁터인 일터에서 가족의 따뜻함과 인간미를 느끼며 일한다면 그보다 더 좋은 곳은 어디 있을까 생각이 든다.

하지만 결론부터 말하자면 가족 같은 회사는 없다. 진짜 가족으로 이루어진 가족 회사가 있을 수는 있다. 나머지는 직원들에게 편하게 일을 시키기 위해 가족이라는 허울 좋은 단어만 사용하고 있는 곳이 대부분이다. 회사는 영리를 목적으로 한다. 상업행위 등을 통해 영리를 취하고 그 이익을 직원들에게 적절히 분배하는 것이 회사의 존재 이유이며 목적이다.

그곳에서 가족 같은 분위기를 요구하는 것은 오히려 욕심이 아닐까? 회사와 직원은 서로의 목적을 위해서 계약을 맺는다. 회사는 직원의 노동력을 요구하고 직원은 그 대가로 일정한 금전적 이익과 업무를 통한 자기발전을 요구한다. 그 이상도 이하도 아닌 관계이다.

하지만 아직도 취업사이트를 찾아보면 가족 같은 회사, 또는 가족 같은 분위기의 회사를 지향하는 문구를 찾아볼 수 있다. 가족 같은 회사의 아이러니는 회사는 아버지의 역할을 담당하고 권리를 주장하면서 직원은 자녀의 의무만을 요구한다는 것이다. 이제는 가족 같은 회사의 환상에서 깨어나야 한다.

링크트인의 창업자 리드호프먼은 《어떻게 나를 최고로 만드는가》에서 평생직장의 개념을 종식시키고 철저한 거래 중심의 계약 관계인 고용시장을 조명한다.[11] 직원은 회사가 원하는 능력을 가지고 용병이 되어 개인과 회사의 필요에 따라 고용에 임한다. 회사는 직원의 충성심을 요구하나 고용을 보장해주지 않고, 직원은 애사심이 있다고 이야기 하나 더 좋은 조건이 있을 때 이직을 마다하지 않는 마음을 숨기고 있다. 이제는 회사와 적정한 선을 그어야 할 때이다.

희미해지는 평생직장

과거에는 평생직장의 개념이 존재하였다. 우리 아버지 세대들만 봐도 한 직장에서 20~30년을 일하셨다. 한 직장에서 근속하신 것은 그분들에게 자랑거리였고, 회사 또한 오래 일하신 분들을 존경하고 존중했다. 평생 일할 회사, 내 회사라는 마음이 있었기에 정말 열정적으로 일했다. 이렇게 일하시는 분들은 후배들의 롤모델이 되었고, 큰 존경을 받았다. 일한 만큼 회사도 그에 합당한 보답을 했다. 가능한 오랫동안 고용을 보장했고 경제 성장에 따른 적절한 금전적 보상도 지급했다.

한국 사회에서 평생직장의 개념이 사라진 것은 1997년 IMF시대를 겪으면서이다. 금융위기를 겪으면서 기업들은 구조조정을 감행했고, 평생 동안 몸담았던 회사의 배신에 많은 직장인들이 좌절했다. 이 당시 실업을 겪었던 세대뿐 아니라 아버지들이 당하는 회사의 배신을 직접 목도한 그 다음 세대들의 머릿속에 회사가 나를 책임져주지 않는다는 뼈아픈 교훈이 각인되었다.

일본의 평생직장 개념은 한국 사회보다 더 확고했다. 가업을 이어받아 몇 대째 운영되는 사업들이 비일비재했다. 하지만 일본 사회 역시 평생직장을 포기하고 직장을 옮기는 전직자가 지속적으로 증가하고 있는 추세이다.[12]

직장에서는 어떻게 해야 하는가?

지금 당장 평생 일할 수도 없는 직장에서 뛰쳐나오라고 이야기하는 것은 아니다. 나는 퇴사전문가도 아니고 멀쩡히 다니는 회사를 그만두라고 요구할 수도 없다. 단 기억할 것이 있다. 지금 일하고 있는 것은 당연히 회사와의 계약에 의해서 진행되고 있는 것이기에 최선을 다해야 한다. 소위 돈 값은 해야 한다. 그리고 업무 이외의 일정 부분은 자기계발을 위해서 사용해야 한다. 평생직장 개념이 사라지고, 회사는 나를 책임져주지 않는다. 일하는 동안에도 숨은 시간을 찾아 틈틈이 자기계발을 해야 한다.

또한 회사에서 누릴 수 있는 것은 충분히 누려야 한다. 요즘은 직원 복지를 위해서 별도로 자기계발 비용을 지원하는 제도가 많이 있다. 책을 구입하는데 충분히 지원을 받자. 어학 학원을 다니는데 충분히 지원을 받자. 내가 할 일은 완벽히 끝내고 그 이후의 시간은 나를 회사와 철저히 분리하자.

내가 다니고 있는 곳이 평생직장이 아니고, 나는 언젠가 이곳을 떠나 다음 단계로 나아가야 함을 기억할 때 버려야 할 것은 버릴 수 있고 취할 것은 취할 수 있다.

직장인은
무엇을 배워야 하는가?

당신이 어떻게 시간을 보내느냐에 따라 당신의 미래가 결정된다.
-작자 미상

직장인은 무엇을 배워야 하는가?

우리는 회사에서 힘이 들 때 농담처럼 이야기한다. 한탕 크게 벌고 회사를 그만두고 싶다고, 하지만 이런 것은 다 운에 의지하는 것이다. 모든 것에는 배움이 필요하고, 사전 지식이 습득되어야 한다. 직장인들 배움의 영역은, 지금 일하고 있는 분야의 전문성을 위한 것, 제2의 인생을 위한 것, 지금의 삶을 더 윤택하게 만들어 질 수 있는 것으로 크게 나눠질 수 있다.

어느 분야에 있든지, 지금 일하고 있는 분야에서 끊임없는 학습과 발전이 필요하다. 우리는 직업을 얻는 순간 모든 것이 끝나지 않는다.

취업의 기쁨도 잠시, 곧 새로운 세계가 눈앞에 펼쳐진다. 학생 때는 한 번도 해보지 못했던 일들을 해 내야 하고, 성과를 내야 한다. 회사를 옮겼을 경우에도 배울 것 투성이다. 매일매일 하는 일이지만, 그 안에서 성과를 얻고 효율성을 높이기 위해서는 항상 배워야 하고, 지식을 쌓아야 한다. 의사, 변호사 등 전문직일수록 노력이 더욱 필요하다. 매 순간 새로운 케이스를 접해야 하고, 새로운 상황에 적응하며 해결해야 한다. 게을리 하루를 보낼 때마다 경쟁사회에서 한 걸음씩 뒤처지게 되는 것이다. 부처를 옮기면서 가장 충격적인 일 중에 하나는, 같은 공무원 조직이지만 부처마다 분위기는 물론 업무방식과 절차, 보고서 형식 등 모든 것이 다 다르다는 점이었다. 통일과 교육, 그리고 국방이라는 각 부처가 담당하는 콘텐츠가 다르기 때문에 사용하는 언어와 용어가 다른 것은 충분히 이해가 되었다. 하지만 보고서 스타일, 보고 절차, 일을 해결하는 방법, 심지어 밥 먹는 문화 등 사소한 모든 것이 달랐다. 옮긴 부처에서 살아남기 위해 부단히 노력했다. 새로운 것을 익히고 내 것으로 만들기 위해 많은 시간을 사용했다.

100세 시대를 살아가면서 우리는 한 가지 이상의 직업을 가질 확률이 과거에 비해 매우 높아졌다. 정년이 보장되는 직업이라 하더라도 60세 이후 40년은 지금과는 다른 새로운 일을 하며 시간을 보내야 한다. 하물며 50세 이전에 퇴직을 해야 하는 경우도 많다. 그렇다면 지금 하고 있는 일 이외에 제2의 인생을 위한 노력과 시간 투자가 필요하다. 첫 직장에서 운 좋게 오랫동안 살아남고, 좋은 성과를 거뒀다 해도 은퇴 이후의 삶이 평탄하리라는 보장은 없다. 준비된 만큼, 배움에 투자한 만큼 제2의 인생이 풍성해질 수 있다.

코로나 시기를 겪으면서 정부에서는 각종 현금성 지원책을 펼쳤다. 이로 인해 일을 하면서 받는 월급, 즉 근로소득에 대한 중요성보다 부동산, 주식, 코인 등 자산을 통해 소득을 얻는 자본소득에 대한 중요성이 더 크게 부각되었다. 폭등하는 부동산, 주식으로 인해 '벼락거지'라는 말이 유행하고, 사람들은 뒤늦게 투자시장에 뛰어들었다. 이중 성공을 거둔 사람들은 직장을 그만두고 전업투자자로 나서기도 했다. 하지만 투자에 대한 심도 깊은 이해와 배움 없이 그저 남들이 좋다는 말에 이끌려 투자시장에 뛰어든 사람들은 큰 어려움을 겪기도 했다.

우리의 삶은 더 윤택하게 만들기 위해서도 배움이 필요하다. 거저 이루어지는 것은 없다. 모든 것은 배움이 선제적으로 이루어져야 좋은 성과를 얻을 수 있다. 경제적인 부분 이외에도 우리의 삶을 풍성하게 만들어주는 분야는 많이 있다. 스트레스를 해소하고 건강을 지켜줄 수 있는 운동, 정서적 안정을 주는 미술과 음악 같은 취미 생활, 부업, 여가 생활 등 모든 일에는 배움이 필요하다. 시간을 들여 배워야 진정으로 하고 싶은 것을 온전히 누릴 수 있다.

이보二步 전진을 위한
일보一步 후퇴

처음에는 우리가 습관을 만들지만 그 다음에는 습관이 우리를 만든다.
-존 드라이든

쉼표가 필요하다

숨어 있는 시간을 찾아 활용하기 위해서는 평소와는 다른 굳은 다짐과 긴장감이 필요하다. 그렇기 때문에 오히려 중간 중간 쉬어가는 시간이 필요하다. 열정을 가지고 힘 있게 달려 나가다 보면 반드시 지칠 수밖에 없다. 사람은 기계가 아니다. 중간 중간 반드시 쉬는 시간이 필요하다. 그래야 이 시간을 통해서 이후 시간을 더 효율적으로 사용할 수 있지 않을까.

학창 시절을 기억해보자. 45분에서 50분정도의 수업을 마치면 10분의 쉬는 시간이 기다리고 있다. 이 시간은 아무 생각 없이 배치한 것이 아니라 사람의 생체리듬을 고려하여 최소한의 쉬는 시간을 마련한 것이다. 하지만 학교를 졸업하고 사회에 나와서는 이러한 휴식 시간을 마련하기가 쉽지 않다. 학생들은 시간에 맞춰 울리는 종소리에 따라 생활을 하면 되지만 직장인들은 그러한 종소리가 울리지 않는다. 점심 시간만 공식적으로 용인되는 휴식 시간일 뿐이다.

9시에 출근한 사람이 12시 점심 시간까지 쉬지 않고 일한다는 것은 불가능하다. 또한 1시부터 6시까지 지속적으로 업무에 집중할 수는 없다. 중간 중간 나름의 휴식을 취해야 한다. 물론 업무 시간 내내 앉아 있을 수는 있다. 또 일하는 척 할 수는 있다. 그러나 집중해서 일하는 것과는 거리가 멀다. 오히려 집중해서 맑은 정신으로 하면 1시간 걸릴 일을 3시간 동안 붙잡고 있는 비효율이 나올 가능성이 높다. 업무 중간 중간 쉬는 것은 결코 손해가 아니라 시간을 효과적으로 사용하는 방법이다.

일의 효율성을 높이기 위한 토막쉼

그렇다면 얼마나 쉬어야 하는가?

나는 50분을 일하고 10분 쉬는 것이 타당하다고 생각한다. 이 패턴은 평범한 대한민국 직장인이면 아주 익숙하다. 초·중·고 시절 40~50분 수업, 10분 휴식을 12년간 해왔기 때문이다. 또한 일하고 쉬는 시간이 1시간으로 딱 떨어져야 점심 시간 및 퇴근 시간에도 지장이 없다. 비록 학창 시절처럼 일률적으로 시간을 통보하는 종소리는 없지만 업무 효율을 위해서 의식적으로 휴식 시간을 확보해야 한다.

물론 이 시간 패턴을 모든 사람이 일률적으로 지킬 수는 없다. 나 또한 일을 하면서 매일매일 업무 상황이 다르기 때문에 이처럼 정형화된 시간을 딱 맞게 지킬 수는 없다. 하지만 저 정도 선에서 한 번 쉬었다 가겠다는 의식을 가지고 업무를 대하면 더 집중할 수 있다. 그리고 잠시 쉬었다가 다시 일을 시작하면 훨씬 상쾌한 마음으로 업무를 처리할 수 있다.

하루에 8시간을 근무하는 직장인을 가정해볼 때, 50분 근무하고 10분을 쉬게 되면 6시간 40분을 일하게 된다. 그리고 나머지 1시간 20분은 휴식 시간이 된다. 쪼개 놓으면 길지 않은 10분인데 모아 놓으니 꽤 긴 시간이 된다. 수치상으로는 엄청난 시간적 손해인 것처럼 보인다.

그래서 요즘 기업에서는 근태 관리를 철저히 한다고 담배 피우는 시간은 업무 시간으로 계산하지 않는다고 선언하는 곳도 있다. 이렇게 줄어든 근무 시간을 철저한 근태 관리로 보완하려는 기업들의 시도를 보여준다.[13] 물론 기업들의 입장에서는 당연한 조치일 수 있다. 하지만 중간 중간 쉬며 6시간 40분을 일하는 업무 효율성과 8시간을 연속적으로 일하는 업무 효율성을 비교할 때 어느 쪽이 더 높을까?

그 답은 너무나 명확하다. 업무와 휴식을 반복함으로 좋은 컨디션을 유지하게 되고 업무 처리 속도도 빨라지게 될 것이다. 또한 단위시간당 업무 효율성이 높아지게 된다. 물론 8시간을 집중해서 연속적으로 일할 수도 없다. 업무 중간 중간 의식적으로 10분의 쉬는 시간을 마련해야 한다.

어떻게 쉬어야 하는가?

쉰다는 명목 하에 그저 멍하게 컴퓨터 화면만 바라보고 있으면 휴식이 저절로 취해지는 것인가? 그렇지는 않을 것이다. 그렇다면 이제 그 시간 동안 무엇을 할 수 있을까?

학창 시절을 다시 생각해보자. 우리는 수업 중간 쉬는 10분 동안 참 많은 일을 했다. 기본적으로 화장실도 다녀왔고, 친구들과 수다도 떨었다. 출출하면 급히 매점도 다녀왔다. 지난 시간에 배운 것을 잠시 들춰도 봤고, 다음 시간에 수업 받을 내용을 미리 살펴보기도 했다.

직장인의 쉬는 시간도 이렇게 사용하면 된다. 화장실도 다녀오고, 커피를 한 잔 할 수도 있다. 흡연자들은 잠시 맑은 공기를 마시며 담배를 한 대 피울 수도 있다. 여유가 있어 보이는 동료에게 잠시 말을 걸 수도 있다. 이런 식으로 업무와는 좀 관련이 덜한 행동으로 심신을 추스린 후에 다시 치열한 업무 상황으로 돌아가야 한다.

이러한 주장을 보며 조금 이상하다고 느끼는 독자가 있을 수 있다. 어? 저건 이미 우리가 하고 있는 것인데. 출근해서 화장실 한 번 안 가는 직원 없고, 잠깐씩 잡담도 하고, 가끔 담배도 피우러 가는데. 정확한 지적이다.

우리는 일을 하면서 알게 모르게 쉬어 간다. 사람이기에 당연히 쉰다. 하지만 그렇게 구렁이 담 넘어가듯이 한계상황이 왔을 때 지쳐 쉬어 가는 것이 아니라 나름의 철저한 시간 계획을 가지고 의지적으로 조금씩 쉬어 갈 때 업무 효율성을 더 높일 수 있다.

비워야 산다

손에 든 찻잔이 뜨거우면 그냥 놓으면 됩니다.
그런데 사람들은 뜨겁다고 괴로워하면서도 잔을 놓지 않습니다.
- 법륜 스님

비움의 미학

나는 베스킨라빈스 아이스크림을 좋아한다. 요즘은 다이어트를 하느라 잘 먹지는 않지만 한창때는 참 많이 사 먹었다. 행사가 있을 때도 일반 케이크보다 아이스크림 케이크를 사서 먹곤 했다. 아이스크림 케이크는 한자리에 앉아서 다 먹을 수가 없다. 먹을 수는 있지만 뒷일을 감당하기 힘들다. 일정 부분 먹고 냉동실에 보관을 해야 한다.

하지만 결코 작지 않은 우리 집 냉장고 냉동실에는 뭔가가 가득 들어 있다. 아이스크림 케이크가 들어갈 공간이 없었다. 귀하디 귀한 아이스크림 케이크를 버릴 수 없어서 냉동실에 들어 있는 것을 하나하나

점검하기 시작했다. 지난 명절에 먹다 남은 떡, 만두, 조기, 치즈가루, 두고두고 먹으려고 넣어 놨던 블루베리, 정체를 알 수 없는 까만 봉투 등 우리 집에 이런 것들이 있었나 싶은 것들이 가득가득 들어차 있었다.

과감히 버렸다. 쓰레기봉투를 가져다 두고 꼭 필요한 식재료 이외의 것들은 다 버렸다. 그래야 귀한 아이스크림 케이크가 들어갈 자리가 생기니까. 공간을 만들고 아이스크림 케이크를 소중히 보관하여 며칠 내로 다 먹었다.

우리 삶도 이와 마찬가지다. 우리 삶은 알게 모르게 많은 일정으로 꽉꽉 들어차 있다. 많은 것을 하고 싶고, 할 수 있지만 시간이 없다. 알 수 없는 많은 것들로 이미 가득 차 있기 때문이다. 아이스크림 케이크 같은 소중한 것이 나타나도 넣을 칸이 없어서 결국 녹아 버리고 만다. 이러한 어리석음을 저지르지 않기 위해서 버리고 비워야 한다.

이러한 일을 할 수 있도록 하루를 돌아보는 시간이 필요하다. 순간순간 내가 무엇을 하면서 시간을 보내는지, 알 수 없는 까만 봉투같이 내가 인지하지 못하는 순간에 시간이 버려지는 것은 아닌지 돌아봐야 한다. 그리고 과감히 비워야 한다. 인생에 아이스크림 케이크같이 소중한 것이 찾아왔을 때, 내가 정말로 하고 싶은 일이 생겼을 때, 해야만 하는 일이 생겼을 때, 여유 있게 집어넣을 수 있는 공간, 즉 시간이 필요하다.

비움은 버림에서 시작한다

매일 아침 사과를 한 개씩 먹는 사람이 있다고 하자. 마트에 가서 사과 한 박스를 구매한다. 집에 와서 열어 보니 사과 몇 개가 썩어 있다. 썩은 사과를 먼저 먹을 것인가 아니면 썩은 것은 버리고 신선한 사과를 먹을 것인가? 당신은 무엇을 선택할 것인가?

썩은 사과를 먼저 먹는다는 선택이 있을 수 있다. 하지만 썩은 사과를 먼저 먹음으로써 기존에 신선했던 사과의 신선도는 점차 떨어지게 되고 결국 사과 한 박스를 다 먹을 동안 신선한 사과는 먹을 수 없게 된다. 썩은 사과를 버리고 신선한 사과를 먼저 먹을 경우 지속적으로 신선한 사과를 먹을 수 있다. 아깝지만 버려야 할 것은 버려야 좋은 것을 얻을 수 있다. 이러한 선택은 낭비가 아니라 최선이 될 수 있다.

비워야 하는 시간
스마트폰, TV, 인터넷 서칭하는 시간

비워야 채울 수 있다. 시간도 지금 사용하고 있는 시간 중 비워 내야 새로운 것으로 채울 수 있다. 한국인들의 여가 시간 사용 1위는 TV시청이다. 한국인은 하루에 2시간 정도 스마트폰을 사용한다는 통계도 있다.

내 생활을 돌아봐도 늘 스마트폰이 손에 쥐어져 있었고 집에서 TV를 없애기 전에는 퇴근 후 멍하니 TV를 바라보고 있는 시간이 적지 않았다. 꾸벅꾸벅 졸면서도 TV를 끄지 않았다. TV를 없애면서 이러한 시간을 과감히 버렸다. 그리고 이제는 책상에 앉아서 책을 보거나 글을 쓴다. 낭비되는 시간들을 과감히 비워 내고 새로운 것들로 이 자리를 채우자.

하루에 추가로 2시간이 더 생긴다면 무엇을 하고 싶은지 머릿속에 떠올려 보자. 보통 사람들은 독서, 공부, 자기계발, 취미 생활, 가족과 시간 보내기 등을 할 것이라고 머리에 떠올릴 것이다. TV보고, 스마트폰하고, 쓸데없는 인터넷 서칭하는 시간만 깔끔히 버리면 하루 2시간은 넉넉히 주어진다. 하고 싶지만 시간이 없다는 핑계로 미뤄 뒀던 일들을 시작하자. 지금 시작하자.

혼자 있는 시간이
필요하다

인생은 속도가 아니고 방향이다.
-괴테

나를 회복시키는 혼자 있는 시간

혼자 있는 시간을 떠올리면 연관되는 단어로 고독, 외로움 등이 자연스럽게 떠오른다. 이러한 단어들은 밝은 느낌을 주지는 못한다. 오히려 부정적인 느낌에 더 가깝다. 사람들은 외로움을 싫어하고 외롭지 않기 위해 노력한다. 혼자 있는 시간을 견디지 못해 친구들을 불러 모으고, 떠들썩한 파티를 열기도 한다.

나 또한 친구들과 함께하는 시간이 참 즐겁다. 결혼하기 전에는 서울에서 혼자 자취를 했는데 혼자 있는 시간이 싫어서 퇴근 후 일부러 약속을 만들고 친구들을 만나러 나갔다. 다른 사람과 함께 있을 때는 참 즐거운 시간을 보낸다. 하지만 집으로 돌아오는 버스 안에서는 그리고 현관문을 열 때는 어김없이 혼자였다.

결혼 이후에는 집에도 함께 사는 가족이 있다. 그렇지만 어느 순간에는 혼자가 된다. 누구든지 어느 순간에는 반드시 혼자 되는 시간이 찾아온다. 이 시간을 경멸하고 피하기만 해서는 안 된다. 혼자만의 시간은 나 자신의 회복과 삶을 돌아보기 위해 반드시 필요하다.

물론 사람들과의 관계를 통해서 누릴 수 있는 유익은 참 많다. 그렇기 때문에 좋은 관계를 유지하려고 노력해야 하고, 다른 사람의 모습을 통해서 많은 것을 배워야 한다. 반면에 관계를 유지하기 위해서는 많은 노력과 에너지가 소모된다. 모임에 다녀오거나, 친구들과의 만남 이후에 찾아오는 피로감은 관계를 이루는데 소모되는 에너지가 이를 증명한다. 혼자 있는 시간은 외롭지만, 그 시간을 통해 누릴 수 있는 것은 사람들과 관계를 맺을 때와는 또 다른 차원의 것이다.

가족들과 함께 시간을 보낼 때조차 가끔은 나 혼자 있는 시간이 필요하다. 회사 생활을 하고 가정 생활을 하면서 늘 다른 사람과 함께한다. 하지만 다시 한 번 나를 돌아보고 에너지를 회복하기 위해서는 혼자의 시간을 누려야 한다. 나는 자주는 아니지만 가끔은 혼자 카페에 가거나 도서관에 가면서 혼자 있는 시간을 확보하기 위해 노력한다. 그 시간을 통해 또 다시 관계를 맺고 함께할 에너지를 확보할 수 있기 때문이다.

혼자 있는 시간을 견뎌 내기

학창 시절에 친구들과 함께 있지만 공부는 스스로 혼자 해야만 했다. 회사에서 일을 할 때도 마찬가지이다. 물론 협업을 하고, 팀 단위로 함께 일을 하지만 결국은 자기 몫을 해 내야 한다. 다른 사람과 함께 관계하고 있지만 결정적인 순간에는 자기 스스로 해야 하는 일이 있다. 그렇기 때문에 혼자 있는 시간을 잘 견뎌 낸 사람만이 인정받고 성공할 수 있다.

학교에서 친구들과 아무리 좋은 관계를 맺고 있어도 혼자 있는 시간을 통해 공부하지 않으면 시험에서 좋은 성적을 받을 수 없다. 회사에서 사람을 아무리 잘 챙겨도 자신의 몫을 다하지 못하면 유능한 사원이 되지 못한다.

사회적으로 성공한 사람들은 모두 혼자의 시간을 잘 견디고 이겨 낸 사람들이다. 소위 엘리트라 불리는 사람들은 남들보다 더 긴 혼자만의 시간을 견뎌 냄으로써 지금의 자리에 올라서 있다. 긴 시간의 공부를 통해 고시에 합격한 사람, 오랜 시간 공부와 연구를 통해 박사학위를 얻은 사람들을 예로 들 수 있다.

나 또한 혼자 있는 시간을 잘 견뎌 냈기에 공무원으로 일하고 있다. 이 시간들을 잘 견뎌 내야 한다. 혼자만의 시간을 경험하고 견뎌 내야만 개인적으로 세운 목표에 한 걸음 더 다가 갈 수 있다. 혼자만의 시간을 통해서만이 사회적 성공과 인정을 받을 수 있다.

혼자 있는 시간의 유익

혼자 있는 시간은 외롭다. 사람은 한번 부정적인 감정에 빠지면 그 감정에서 벗어나기가 쉽지 않다. 외로움의 함정에 매몰되지 않고 효과적이며 생산적으로 혼자 있는 시간을 보내야 한다. 그렇다면 혼자 있는 시간, 어떻게 보낼 것인가?

첫 번째, 내가 하고자 하는 것을 위해 열심히 노력해야 한다. 혼자 있는 시간에 외로움에 빠지지 않기 위해서는 외로움에 빠질 만한 여유를 주면 안 된다. 눈앞의 현실에 주목하고 달려 나갈 목표를 세워 그 목표를 향해 달려 나가야 한다. 공무원 시험을 준비하면서 집 근처에 있는 대학 도서관에서 공부를 했다. 새벽 별을 보며 도서관 문을 열고 들어갔고, 저녁에 뜬 달을 보며 거의 마지막으로 도서관을 나섰다. 하루 종일 밥 먹는 시간과 잠깐의 쉬는 시간을 제외하고는 거의 도서관에 앉아 있었다.

지금 돌이켜 보면 참 외로웠다. 하지만 그 당시에는 외로움을 느낄 만한 여유가 없었다. 당장 오늘 공부해야 할 목표가 있었고, 시험 일정이 구체적으로 나와 있었기 때문이다. 치열하게 달려갈 때는 외로움을 느낄 여유가 없다. 혼자 있는 시간, 치열하게 목표를 위해 달려 나간다면 외로움을 느낄 여유 따위는 없다.

두 번째, 스스로를 격려하고 위로해야 한다. 나를 잘 아는 사람은 나다. 세상 사람들이 다 등을 돌려도 나만큼은 늘 내 편이 되어준다. 특히 혼자 있는 시간만큼은 거친 세상 속에서 분투하며 살아가는 나 자신을 위로해줄 시간이 되어야 한다.

물론 막연한 위로와 자기애가 아닌 따뜻하지만 냉철한 자기반성이 필요하다. 그 안에서 잘못된 부분은 반성하고, 조금이라도 잘한 점이 있다면 칭찬해야 한다. 녹록치 않은 현실이지만 늘 잘하고 있다고 격려해주고 응원해준다면 이 세상을 살아가는데 큰 힘이 될 것이다.

세 번째, 지금 내가 옳은 방향으로 가고 있는지 살펴봐야 한다. 바쁜 인생길 가운데서 앞만 보고 달려간다면 길을 잃고 헤맬 수 있다. 그럴 때 혼자 있는 시간을 통해서 내가 맞는 방향으로 가고 있는지 점검해야 한다.

운전을 하다가 길을 잃었다면 길가에 잠시 차를 세우고 내비게이션을 확인해야 한다. 인생길에도 내비게이션을 확인하는 시간이 반드시 필요하다. 혼자 있는 시간을 통해 내가 지금 살아가고 있는 방향이 맞는지를 확인하고 혹여나 잘못된 방향으로 가고 있다면 다시 원래 목적지를 향해 바른 방향 설정이 필요하다.

외롭다는 편견을 가지고 있는 혼자 있는 시간을 통해 결국 인생의 큰 방향키를 쥘 수 있고, 우리가 원하는 대로 인생을 이끌어 나갈 수 있다. 지금 당장 잠시라도 혼자 있는 시간을 한번 가져 보자. 그리고 그 효용을 함께 누려 보자.

FINDING HIDDEN TIME

—— Part 3 ——

START
지금 당장 시작하는
시간 찾기 실천 방법

시간 찾기 실천 방법

시간 찾기를 실천하기 위해서는 '시작하다'는 뜻의 영어 단어 START를 기억하며 지금 바로 시작해야 한다. 사람은 불편함을 싫어하고 관성의 법칙처럼 기존에 하던 것을 지속적으로 하려 하는 성향을 가지고 있다.

다이어트를 결심하는 사람들의 가장 큰 실수는 '내일부터'의 마법에 빠지는 것이다. 내일부터 식단 조절은 어떻게 하고, 운동은 어떻게 해야 한다고 결심한다. 하지만 많은 사람들이 경험했듯이 내일이 되었을 때는 다시 '내일부터 해야지'라는 마음을 먹게 되고 결국 다이어트는 시작하지도 못한 채 끝나고 만다.

시간 찾기 역시 마찬가지다. 우리는 바쁘게 살면서 크게 시간에 대해 신경 쓰지 않고 살아왔다. 그저 흘러가면 흘러가는 대로, 모자라면 모자란 대로 살아왔다. 그렇기 때문에 하고 싶은 일은 많지만 그저 먼 미래의 희망사항 중 하나로 남겨 놨고, 새로운 시간을 발견할 생각 자체를 하지 못했다.

하지만 우리는 지금까지 시간 찾기를 해야 하는 이유에 대해서 살펴봤다. 이제 1분, 15분, 30분의 숨어 있는 시간을 찾아 시간 찾기를 시작해야 한다. 시간 찾기는 지금 당장 시작해야 한다. 나는 시간 찾기 실천 방법을 START의 각 철자를 딴 5가지 단계로 제시하려고 한다.

Step1. **S**ense of time 시간은 내 것이 아님을 인식하자

Step2. **T**ime to decide 우선 결심하자

Step3. **A**waken the dawn 결국 새벽이다

Step4. **R**ush hour 출퇴근 시간을 활용하자

Step5. **T**ake notes 메모의 힘을 빌리자

기억하고 실천하자. '내일부터'의 유혹은 잠시 접어 두고 지금 바로 이 순간 시간 찾기를 시작하자. 지금 시작이다. START!

시간은 내 것이 아님을 인식하자
(Sense of time)

사람은 같은 강에 두 번 발을 담글 수 없다. 강물은 흐르고 사람은 변하기 때문이다.
-헤라클레이토스

공평하게 주어지는 시간

주인은 종들의 능력에 따라, 어떤 사람은 다섯 달란트를, 어떤 사람에게는
두 달란트를, 또 어떤 사람에게는 한 달란트를 맡기고 여행을 떠났다.

– 마태복음 25:15

성경에는 달란트 비유가 나온다. 주인이 먼 곳으로 여행을 떠나면
서 세 명의 종을 부른다. 첫 번째 종에게는 다섯 달란트를 주었고, 두
번째 종에게는 두 달란트를, 세 번째 종에게는 한 달란트를 주었다. 두
명의 종은 각자의 방법으로 주인이 맡긴 달란트를 사용하여 이문을 남

기지만 세 번째 종만은 땅에 묻어 두었다가 그대로 주인에게 가져간다. 주인은 이문을 남긴 두 명의 종은 칭찬하나 세 번째 종은 꾸짖는다는 비유이다.

여기서 주목할 점은 사랑의 메시지를 가득 담고 있는 성경에서조차 불공평한 배분을 인정하고 있다는 점이다. 어떠한 이유에서건 주인이 세 명의 종에게 공평하게 달란트를 배분하지 않고 각자의 능력에 따라 다르게 배분을 한다. 굳이 성경의 예를 찾지 않아도 우리 사회는 불공평하다. 사람들은 모두 다른 환경에서 다른 능력을 가지고 서로 다른 인생의 마라톤을 달린다. 불공평한 상황에서 경쟁해야 하고 더 좋은 결과를 얻기 위해 분투한다.

하지만 유일하게 모든 사람에게 동등하게 주어진 것이 있다. 바로 시간이다. 부자든 가난한 사람이든, 능력이 뛰어난 사람이든 그렇지 못한 사람이든, 잘 생긴 사람이든 못 생긴 사람이든 하루 24시간, 1,440분, 86,400초는 동일하게 가지고 있다. 아니 동일하게 주어진다는 표현이 더 적절하다. 시간은 나의 노력 여하에 상관없이 주어지는 것이다.

주변에는 하루 24시간을 후회 없이 효율적으로 사용하는 사람이 있는 반면에, 허송세월을 보내는 사람도 있을 것이다. 주어진 매일의 시간을 어떻게 사용하느냐에 따라 개인의 삶은 크게 달라질 수 있다.

하루 24시간을 25시간처럼 압축적이고 효과적으로 사용하는 사람도 있을 것이고, 23시간처럼 여유롭게 사용하는 사람도 있을 것이다. 24시간 중 12시간을 잠으로 소비하는 사람도 있을 것이고, 최소한의 시간만 잠으로 소비하고 나머지 시간을 알차게 사용하려 노력하는 사람도 있을 것이다. 모든 사람에게 공평하게 주어진 시간을 효과적으로 사용하여 내가 원하는 삶의 모습에 한걸음 성큼 다가가야 한다.

시간은 선물이다

사람들은 선물 받는 것을 좋아한다. 선물을 받으면 기분이 좋아지고 선물 받은 물건을 매우 소중히 여기게 된다. 나 또한 생각지도 않은 선물을 받으면 기분이 좋아지며 선물 받은 물건에 의미를 부여하고 소중히 사용한다. 심지어 내가 가지고 싶었던 물건이면 그 기쁨은 배가된다.

지난 결혼기념일에 아내로부터 만년필을 선물로 받았다. 평소에 직장을 다니는 사람으로서 만년필이 하나 있으면 좋겠다고 생각을 하였다. 하지만 꼭 필요한 것은 아니니 구매를 망설이고 있었다. 물론 제한된 용돈 사정으로 구매를 못한 탓이 더 크다. 이러한 상황에서 만년필 선물을 받으니 너무 기분이 좋았다. 펜글씨를 쓸 일이 있으면 으레 선물 받은 만년필을 꺼내어 쓴다. 지금도 선물 받은 만년필을 애지중지하며 소중히 사용하고 있다.

우리는 소중한 선물을 받으면 결코 막 쓰지 않는다. 선물해준 사람을 생각하며 아끼고 아낀다. 시간은 우리에게 주어진 선물이다. 심지어 시간은 사람이 살아가는데 꼭 필요한 선물이다. 만년필과는 비교할 수 없는 소중한 선물이다. 소중한 선물이기에 더 귀하게 여겨야 한다. 함부로 시간을 사용해서는 안 된다. 시간에 대해서는 우리가 처음부터 가지고 있었던 것이 아니라 선물이라는 의식을 가져야 한다. 그럴 때 시간을 함부로 쓰지 않을 수 있다. 내 꿈을 위해서, 그리고 목표를 위해서, 내 곁의 가족들을 위해서 소중하고 정성스럽게 사용해야만 한다. 시간 찾기의 실천은 시간이 내 것이 아님을 인식하는 것부터 비로소 시작된다.

Step2

일단 결심하자
(Time to decide)

좋은 것도 나쁜 것도 없다. 오직 생각이 그렇게 만들 뿐이다.
-햄릿

익숙한 결심

우리는 하고 싶은 것을 계획하고 결심하는 것에 매우 익숙하다. 매일, 매월, 매년 계획을 하고, 늘 결심한다. 특히 연초에는 '올해는 꼭 독서를 열심히 해야지', '올해는 더 날씬해질 거야', '올해는 담배를 끊고 말겠어' 등과 같은 원대한 포부를 밝힌다. 어떠한 일을 시작할 때도, 직장에 새로 들어갔을 때도, 새로운 부서로 이동을 했을 때도 이후의 삶을 그리며 새롭게 결심한다. 심지어 아침에 잠자리에서 일어났을 때도 오늘 하루의 삶에 대해서 예측하고 결심한다.

이 책을 처음 집어 들었을 때 '시간을 효율적으로 사용해보고 싶다',

'시간 찾기를 잘해서 정말 내가 하고 싶어 하는 일을 해봐야겠다'는 결심을 하고 집어 들었을 것이다. 결심을 하고 방법을 찾는 당신에게 박수를 보낸다. 이미 당신은 시간 찾기 실천 방법을 시행하고 있다. START 시간 찾기 실천 방법의 두 번째 단계는 바로 '일단 결심하라'이다.

미래를 예측하고 행동을 결심하는 것은 모든 사람의 공통적인 특징이다. 사람은 미래를 예측함으로써 현재의 상황을 돌아보게 된다. 그리고 예측한 미래에 걸맞은 현재의 행동을 결심한다. 이러한 결심의 선순환 구조는 현재의 삶을 바꿔서 내가 예상한 미래에 더 근접한 삶을 살게 해준다. 하지만 많은 사람들은 결심에 대해 피로감을 가지고 있다.

우리는 결심하고 계획한 것대로만 살아가지 않는다. 시간이 없든, 상황이 안 되든 여러 이유를 토대로 결심한 것이 흔들린다. '책을 1년간 10권을 읽겠다'는 결심을 한다. 1월에 나름 한 권의 책을 읽었다. 2월이 되자 바쁜 업무로 책을 소홀히 하지만 마음속에는 책을 읽어야 한다는 부담감을 가지고 있다. 이후의 시간은 내가 책을 읽겠다는 결심을 했는지도 잊어버린다.

'운동을 해서 몸짱이 되겠다'는 거창한 결심을 하고 헬스장에 1년 회원권을 끊는다. 하지만 실제로 1년간 헬스장을 방문한 횟수는 채 10번이 안 된다. 이와 유사한 상황이 반복되면서 사람들의 결심에 대한 피로감은 상승하게 된다.

결심하고 목표를 세우는 것에 익숙하지만, 동시에 그 결심이 어느 순간 사라지게 되고 좌절을 맛보는 것 또한 익숙해진다. 그러면서 결심하는 것에 인색해지고, 목표를 세우면서도 달성이 될 것이라는 기대감 또한 낮아진다. 결심을 자주 하고 또 늘 실패했다고 해서 결심의 가치가 떨어지는 것은 아니다. 결심은 결심 자체로 큰 의미가 있다.

결심의 마법

익숙하고 흔한 것 중에 귀한 것들이 많이 있다. 너무 흔해 존재 자체를 잊는다 해서 귀하지 않은 것은 아니다. 가장 좋은 예가 공기이다. 사람이 숨을 단 5분이라도 쉬지 못한다면 생명에 지장이 있다.

어릴 때 동네 수영장에 친구들과 함께 간 적이 있다. 친구들과 물 속에 잠수해서 누가 더 오래 참는지를 겨루는 게임을 했다. 할 때마다 '좀 더 오래 참아야지.' 마음먹지만 그 순간 평소 인식하지 못했던 공기의 소중함이 가슴 깊숙이 다가온다. 결심 또한 이와 마찬가지다. 우리는 매일 결심하고, 또 실패한다. 하지만 결심 자체의 가치가 낮은 것은 아니다. 미래를 예상하고 그 예상치에 근접하기 위해 현재의 삶을 바꾸기를 촉구하는 결심은 변화의 출발선이다.

부와 성공, 물질적 이익, 위대한 발견과 발명 등 온갖 성취의 근원인 '사고'가 없었다면 새로운 제국도 어마어마한 재산도, 대륙 횡단철도 같은 현대 문명도 탄생할 수 없었을 것이다. 어쩌면 원시시대에서 단 한 발자국도 진보하지 못했을지도 모른다. 자신의 생각이 자신의 성격과 경험과 일상 생활을 결정한다.

- 《신념의 마력》, 클로드 브리스톨[14]

성공학의 대부 클로드 브리스톨은 모든 문명의 발전은 생각하는 것, 즉 '사고'에서 시작했다고 말한다. 그는 '사람은 자기 생각의 산물이다'라고 말한다. 여기서의 생각은 큰 범위를 가지고 있지만 그중에 하나로 미래를 위해 오늘 어떤 일을 해야 할지 다짐하는 결심도 포함된다.

결심을 통해 성취를 목표하게 되고 결심을 통해 진보하게 된다. 결심이 결국 자신의 현재와 미래를 결정하는 것이다. 이와 같이 결심은 내 현재와 미래를 결정하는 큰 힘을 가지고 있다. 늘 할 수 있는 것이라고 쉽게 여기기에는 결심의 가치와 숨어 있는 힘이 너무나 크다. 결심의 마법과 같은 힘을 다시 한 번 느껴보자.

결심부터 시작이다

"천릿길도 한 걸음부터." 우리에게 매우 친숙한 속담이다. 대단한 일을 하기 위해서는 반드시 첫걸음을 시작해야 한다. 모든 일에는 순서와 절차가 있다. 초반의 과정이 귀찮거나 의미 없다고 생각해서 일의 중간부터 시작하게 된다면 결말에 이르러서는 완성을 누릴 수 없는 경우가 많다.

운동을 하는 경우 준비운동이 필수다. 준비운동 없이 바로 운동을 시작하는 경우에는 몸에 탈이 난다. 학창 시절에 축구를 종종했다. 축구를 하기 전 준비운동을 통해 격한 운동을 해도 근육이 감당할 수 있게 해야 한다. 하루는 축구를 한다는 연락을 받고 급히 뛰어나간 적이 있다. 시간이 없다는 이유로 준비운동 없이 바로 경기를 시작했다. 어느 정도는 큰 무리 없이 경기를 진행했다.

하지만 전력으로 두어 번 달리고 나니 다리에 쥐가 나기 시작했다. 결국 경기를 완주하지 못하고 중간에 교체되었다. 준비운동의 단계를 소홀히 여기자 정작 중요한 경기를 완벽히 뛰지 못한 것이다.

이와 같이 어떠한 단계도 쉽사리 지나칠 만한 것이 없다. 그런데도 우리는 늘 포기한다는 이유로 결심의 단계를 무의식 중에 지나치는 경우가 있다. 결심의 단계를 지나치면 결국은 행동을 끝까지 이끌어 나갈 동력을 포기하게 되는 것이다.

결심의 단계를 통해서 현재와 미래의 행동을 계획해야 한다. 시간 찾기에 대한 필요성을 느꼈다면 일단 결심하자. 내가 어떻게 시간을 사용해야 할지 고민하고 계획하자. 필요하다면 이 책에서 이야기하는 방법들을 사용해보자. 결심을 통해 시간 찾기를 위한 첫발을 내딛게 된다.

작심삼일作心三日이라는 말이 있다. 결심을 했지만 그 결심이 3일간만 지속된다는 뜻이다. 거꾸로 생각해보면 결심을 하면 3일은 간다는 이야기로 해석할 수도 있다. 이제부터 3일마다 결심을 하자. 그렇다면 내 결심은 계속 유지될 것이고 결국 시간 찾기에 성공하여 인생이 변하게 될 것이다.

START 시간 찾기 실천 방법 두 번째 단계인 '일단 결심하라(Time to decide)'. 지금 이 순간 시간 찾기 목표를 생각하고 결심하자.

Step3

결국 새벽이다
(Awaken the dawn)

아침잠은 인생에서 가장 큰 지출이다.
-앤드류 카네기

새벽 시간의 효용

건강을 지키기 위해 운동을 하기로 결심한다. 언제 하는 것이 가장 효과적일까? 퇴근 이후에 하는 곳을 먼저 알아본다. 6시에 퇴근을 하니 이동 시간을 고려해서 8시부터 참여할 수 있도록 피트니스 센터에 등록을 한다. 하지만 일주일에 2번을 채 가기가 힘들다. 팀장님이 생각지도 못한 일을 줘서 때때로 야근이 잡힌다. 친구들로부터 연락이 와서 저녁 약속을 잡는다. 하루는 업무를 마치고 나니 너무나 피곤해서 아무것도 하기 싫어서 가지 않는다.

결국 운동을 하겠다는 굳은 다짐은 온데간데없이 사라지고 피트니스 센터에 돈만 내버린 격이 되고 만다. 운동뿐만 아니라 공부, 취미 생활 등을 결심했을 때도 마찬가지다. 나는 직장 생활을 처음 시작했을 때, 학생 시절의 열정을 가지고 영어회화 학원에 등록한 적이 있다. 퇴근 이후 갈 수 있도록 시간을 맞췄고 초반에는 참 열심히 참여했다. 하지만 시간이 흐르면서 결과적으로는 위의 운동 예시와 비슷한 상황이 찾아왔다. 한 번 두 번 빠지기 시작했고 결국 흐지부지 되어 얼마 되지 않아 학원을 그만두고 말았다.

이와 같이 저녁 시간을 활용하는 데에는 제약사항이 너무나 많다. 특히나 가정이 있는 직장인이라면 저녁 시간을 개인적으로 활용하기가 더욱 어렵다. 내가 목표한 바를 이루기 위해 시간을 효과적으로 사용할 수 있고, 외부의 방해요소가 거의 없는 때는 결국 새벽 시간이다.

새벽 시간의 혜택

《아침 5시의 기적》을 쓴 저자 제프 센더스는 새벽 시간을 활용하여 기적을 경험한 사람이다. 누구보다 아침잠이 많고 게을렀던 그는 새벽 5시에 기상하는 습관을 통해서 인생을 송두리째 바꿨다. 지금은 그 기적을 전 세계 사람들과 나누기 위해 시작한 '5AM 미라클' 팟캐스트를 통해 큰 인기를 얻고 있다. 새벽 5시에 일어나는 것 자체는 큰 일이 아니다. 하지만 새벽의 시간을 잘 활용하고 잘 활용한 새벽 시간이 꾸준히 축적되었을 때 인생은 놀랍게 바뀔 수 있다.

제프 센더스는 새벽 기상의 혜택을 10가지로 정리해서 설명한다. 단지 새벽에 일어나면 기분이 좋다, 새벽 시간을 잘 활용해야 한다는 추상적인 이야기보다는 훨씬 구체적으로 우리 마음 가운데 다가오면서 실천하고자 하는 의지를 불태울 수 있다.

① 하루를 효과적으로 계획할 수 있는 시간이 생긴다.
② 이른 아침은 명상, 기도를 하거나 침묵하기에 완벽한 시간이다.
③ 규칙적으로 잠자리에 들어 아침에 일찍 일어나면 수면 습관이 놀라울 정도로 좋아진다.
④ 더 활기차고 긍정적으로 바뀐다.
⑤ 중요한 목표에 집중하기가 훨씬 수월하다.
⑥ 사고력이 더 명료해지면서 예전보다 훨씬 빠르게 창의적인 사고를 할 수 있다.
⑦ 운동을 더 열심히 함으로 매력적인 몸매를 가꿀 수 있다.
⑧ 하루를 지배할 결심을 하고 아침에 일찍 일어나면 깔끔한 업무처리가 보장된다.
⑨ 꾸준히 아침 5시에 일어나면 중요한 목표를 이룰 가능성이 커진다.
⑩ 아침에 일찍 일어난 성공한 사람들의 대열에 낄 수 있다.

- 《아침 5시의 기적》, 제프 샌더스[15]

새벽 시간의 소중함과 효과는 모두 잘 알고 있다. 머리로는 잘 알고 있지만 막상 실천하기에는 쉽지 않다. 사람은 동기부여가 될 때 더 잘 움직일 수 있다. 그저 막연히 '일찍 일어나면 좋다'는 이야기로는 실천하기가 어렵다. 머릿속에 구체적인 목표를 그려보자. 내가 너무나 하고 싶지만 시간이 없어서라는 이유로 하지 못하고 있는 것을 그려보자. 평소 공부하고 싶었던 언어 분야도 좋고, 운동도 좋다. 그리고 해보고 싶었던 취미 생활도 좋다. 그것을 새벽 시간에 해 보자.

명확한 목표가 없을 때는 그저 일어나서 출근하기에 급급했던 새벽 시간이 이제는 자아실현을 위한 소중한 시간으로 변할 것이다. 상사의 업무 지시, 거래처의 전화, 사람들의 약속 같은 외부 방해가 전혀 없는 이 새벽 시간이야말로 내 인생을 변화시키는 시간 관리를 위한 블루오션이 될 수 있다.

내가 자명종을 누르고 이불 속으로 기어들어갈 때
그는 공원을 산책하며 하루를 설계한다.
내가 두 번째 자명종을 누르며 지겨워 할 때
그는 아내와 아침식사를 한다.
내가 겨우 일어나 치약을 짜고 있을 때
그는 아내의 웃음 띤 인사를 받으며 출근한다.
내가 허겁지겁 집을 나서 콩나물 전철 속에서 땀 흘릴 때
그는 한산한 전철에서 책을 읽고 회사에서 스케줄을 챙긴다.
누가 인생의 승자일지는 뻔하다.

- 《성과를 지배하는 바인더의 힘》, 강규형[16]

새벽 시간은 언제나 당신을 기다리고 있다. 이제 당신이 응답할 차례이다. 목표를 세우고 새벽에 일어나 보자. 결국 새벽 시간이 답이다.

Step4

출퇴근 시간을 활용하자
(Rush hour)

시간을 잘 활용하라. 시간이 지나면 저절로 해결될 것이라고 생각해서는 안 된다.
-JF. 케네디

출퇴근 시간에 뭐하시나요?

취업포탈 잡코리아에서 직장인들을 대상으로 설문조사를 한 결과 출퇴근 시간이 하루 평균 101.1분으로 집계되었다. 이중에서 자가용으로 출퇴근 하는 26%를 제외하고 응답자의 74%는 지하철, 버스 등 대중교통을 이용해서 출퇴근을 한다. 하루 24시간 중에 잠자는 시간 8시간을 빼면 16시간이 남는다. 이중에 약 2시간이 아침저녁 출퇴근 할 때 소모된다.

서울의 직장인들은 하루에 쓸 수 있는 시간 중 약 12%는 출퇴근을 하며 버스 안에, 지하철 안에 우두커니 앉아 있는데 사용하는 것이다.

더 멀리서 출퇴근을 하는 사람들은 이 시간 비율이 더 커진다.

나도 평균 출퇴근 시간과 거의 비슷한 한 시간 반 정도를 대중교통 안에서 보낸다. 출근할 때는 버스를 타고, 퇴근할 때는 지하철을 탄다. 주위를 둘러보면 대부분 스마트폰을 보고 있다. 그리고 스마트폰을 들여다보는 대부분의 사람들은 메신저, SNS, 영상, 기사 검색 등 소위 말하는 시간 죽이기를 하고 있다.

30분만 일찍

당신의 출근길은 어떠한가? 사람들로 가득 채워진 복잡한 대중교통에 짐짝처럼 실려서 여기로 밀리고 저기로 밀리며 출근하는가? 아니면 여유 있는 대중교통에 앉아서 출근하는가? 대중교통에서 자기만의 시간을 가지고 시간 찾기를 하기 위해서는 여유 있는 대중교통을 타는 것이 좋다. 물론 시간 찾기 차원에서 뿐만 아니라 기본적으로 사람들은 복잡한 대중교통을 싫어한다.

하지만 왜 사람이 많을 줄 알면서도 복잡한 대중교통을 타는가? 침대에서 '5분만 더'를 외쳤기 때문이다. 조금 더 편안한 잠자리에 누워있다 나왔기 때문에 사람들이 몰리는 시간이 비슷해진다. 나는 과거 8시쯤 집에서 출발을 했었다. 그러면 사무실에 9시 딱 맞춰 도착하게 된다.

그러다 보니 가장 사람이 많은 시간에 버스를 타고 간다. 사람이 많을 때 버스를 타면 사무실에 도착만 했을 뿐인데 이미 컨디션은 퇴근을 해야 할 것만 같다. 버스 안에서 다른 사람과 부딪히며 아무것도 할 수 없음은 당연하고 그저 자리가 나길 바라며 핸드폰만 바라보고 있었다.

지금은 집에서 예전보다 1시간 일찍인 7시쯤에 출발한다. 아침에 조금 일찍 일어나야 하지만 훨씬 더 쾌적하게 출근을 할 수 있고 앉아서 대중교통을 이용하다 보니 책을 읽거나 공부를 할 수도 있다.

복잡한 대중교통이 숙명처럼 느껴졌는가? 그 운명의 굴레를 벗어날 수 있는 효과적인 방법을 제시한다. 30분만 일찍 일어나서 출근해 보자. 러시아워를 피해 조금 앞당겨서 출근을 해 보자. 교통의 흐름, 대중교통에 타는 사람의 수, 자리에 앉을 수 있는 확률, 출근한 이후의 컨디션, 확연히 달라질 것이다.

일단 책을 꺼내 들자

《지하철 독서의 힘》[17]의 저자 안수현은 평범한 워킹맘이다. 매일 편도 2시간의 출퇴근 시간이 아까워 출근길, 퇴근길에 책을 보기 시작했다. 그 독서의 내공이 점점 쌓여서 지금은 책을 읽을 뿐 아니라 책을 쓰는 작가가 되었다.

저자가 제시하는 지하철 독서의 방법은 간단하다. 우선 가방에 항상 책을 가지고 다닌다. 책이 가방에 있으면 예상치 못한 여유 시간이 생겨도 걱정 없다. 목적 없이 스마트폰을 만지작거리며 시간을 보낼 필요가 없다.

여유 시간이 생겼을 때 가방을 열고 책을 펼치면 된다. 또 다른 하나는 지하철이나 버스를 타면 일단 책을 펼친다. 나도 가까운 거리를 갈 때면 짧은 시간이기에 가방에 있는 책보다는 주머니에 있는 스마트폰에 먼저 손이 간다. 하지만 짧은 시간이라도 일단 대중교통에 탑승하면 책을 먼저 꺼내드는 습관이 곧 독서 습관, 시간을 효율적으로 이용하는 습관으로 연결된다.

나와 함께하는 여행

직장인들은 혼자만의 시간을 확보하고 누리기가 어렵다. 회사에서는 각자 직책에 맞는 위치에서 동료들, 상사들, 후배들과 부대끼며 지내야 한다. 집에서는 아내(남편), 아이들과의 시간을 보내야 한다. 내가 온전히 나로서 보낼 수 있는 고독의 시간은 흔치 않다. 그러나 우리는 소중한 혼자만의 시간을 알게 모르게 흘려보내고 있다. 바로 출퇴근 시간이다.

출퇴근 시간은 대중교통을 타고 오롯이 혼자 보내는 시간이다. 이 시간을 통해 고독을 마음껏 누려야 한다. 책을 읽으며 마음의 양식을 쌓기도 하고, 창밖을 바라보면서 어지러운 마음을 정리해야 한다. 일부러 하루의 2시간을 혼자만의 시간으로 확보하기는 어렵다. 하지만 출퇴근의 시간은 필연적인 것이고, 피할 수 없으면 즐기라는 말처럼 출퇴근의 시간을 즐기고 누려야 한다.

이제 잠만 자던 출근 시간, 지쳐서 스마트폰만 보던 퇴근 시간을 새롭게 바꿔 보자. 출근길에 평소 출발하던 시간보다 조금만 더 일찍 나가 보자. 상쾌하고 여유 있게 맞이하는 출근 시간이 될 것이다. 퇴근길에는 그동안 읽고 싶지만 시간이 없어서 못 읽고 있던 책을 펴 보자. 비록 하루 종일 과도한 업무로 몸은 피곤하지만 혼자만의 시간을 마음껏 누리는 퇴근 시간이 될 것이다.

내가 온전히 나를 위해 사용할 수 있는 시간인 출퇴근 시간. 출퇴근 시간을 발견하고 나를 위해 사용할 때 하루 최소 1시간, 최대 4시간까지 추가 시간을 확보할 수 있다.

Step5
메모의 힘을 빌리자
(Take notes)

뚜렷한 기억보다 희미한 메모가 오래 간다.
-작자 미상

눈에 보여야 파악한다

시간 관리에 대해서 관심을 가지고 시간을 잘 써보겠다고 다짐했다면 다짐만으로 끝나서는 안 된다. 시간은 여전히 눈에 보이지 않고, 눈에 보이지 않기에 소홀히 여기기 쉽다. 정신을 차려 보면 늘 시간이 부족하다. 이럴 때 시간 관리의 가장 좋은 친구가 있다. 바로 메모이다.

기록은 인류 역사가 시작된 이래로 지속해 오고 있는 숭고하고 책임감 있는 행위이다. 모든 역사는 기록으로부터 시작되었고, 지금 우리가 과거 사람들의 현장을 생생히 알 수 있는 것도 기록을 통해서이다. 《조선왕조실록》, 《삼국사기》, 《삼국유사》 등 과거의 기록을 통해 그 시대의 시대상을 엿볼 수 있다.

우리의 삶을 바르게 파악하고 돌아보기 위해서도 기록이 필요하다. 기록이라는 것이 거창한 논문 같은 것을 요구하는 것은 아니다. 오늘 내가 어떻게 살았는지, 무엇을 했는지, 시간을 어떻게 사용했는지 등의 기록을 남김으로써 하루를 반성해보고 평가해보면서 내일은 조금 더 효율적인 삶을 살기 위해서이다.

메모는 창의력의 원천

국어사전에서 메모는 '다른 사람에게 말을 전하거나 자신의 기억을 돕기 위하여 짤막하게 글로 남기는 것'이라 정의한다. 통상적으로 메모는 기억을 보조하기 위한 수단으로 많이 사용한다. 나 또한 책상 앞에 포스트잇으로 붙여 놓은 메모들이 있다. 눈에 띄기 쉬운 곳에 메모를 붙여 놓음으로써 잊지 않고 그 일을 수행하기 위함이다. 하지만 기억 보조 수단 이외에도 메모에는 놀라운 힘이 숨겨져 있다.

메모의 달인으로 유명한 신정철 작가는 자신의 책《메모 습관의 힘》에서 메모는 창의력의 원천이라고 말한다.[18] 단순한 정보의 소비자가 아니라 정보의 생산자가 될 수 있는 도구가 메모이며, 이러한 메모를 작성하고 재구성하는 과정을 통해 창의력이 발산될 수 있다고 말한다. 창의력은 요즘 기업에서 요구하는 능력 중에 하나다. 하지만 창의력을 어떻게 높이는지에 대해서는 다양하고 많은 의견이 있다.

광고 카피는 제품의 장점을 딱 한 마디에 집약해야 한다. 이러한 광고 카피를 만드는 사람은 고도의 창의력이 요구된다. '생각이 에너지다', '진심이 짓는다' 등 명카피를 만들어 낸 광고인 박웅현 대표는 '창의력은 발명이 아니라 발견이다'라고 말한다. 결국 기존에 있던 것들이 새롭게 발견되고 편집되면서 창의력이 발휘된다.

메모는 이러한 과정 가운데서 중요한 역할을 한다. 아이디어를 모으고, 아이디어를 정리하고, 새로운 아이디어를 구체화하는 모든 과정에서 메모가 사용된다. 이러한 메모를 시간 관리에도 활용함으로써 숨어 있는 시간을 발견하고 그 시간을 내 것으로 만들 수 있다.

수단은 중요하지 않다.
우선 쓰자

메모 관련 된 책들을 보면 손글씨로 쓴 메모의 우수성을 전달하려는 책과, 스마트폰 어플을 활용한 편리성을 전달하려는 책들로 나뉜다. 시간 찾기 습관을 위한 메모는 어떤 방식이든 상관없다. 본인이 편하다고 생각하는 방식으로 사용하면 된다. 나는 주로 네이버 캘린더와 에버노트를 활용한다. 짧은 메모 같은 경우에는 카카오톡을 이용해서 나 스스로에게 메시지를 보낸다. 이것들을 통해 앞으로 해야 할 일과 내가 한 일을 체크하고 시간 활용을 파악한다.

우선 써 보자, 그리고 쓴 것들을 분석하고 평가해보자. 《성과를 지배하는 바인더의 힘》의 저자 강규형 대표는 바인더를 통해서 인생이 바뀐 사람이다.[19] 무분별하게 흩어져 있는 삶의 시간 시간을 바인더에 기록하고 관리함으로써 성공적인 삶을 살아갈 수 있게 되었다.

하루에 단 5분이라도 메모를 습관화하면 평범했던 각각의 순간들이 어느덧 비범한 순간으로 변하는 놀라운 변화를 맛볼 수 있다. 우리도 우선 적어 보자. 그러면 내 삶에서 새어 나가고 있는 시간을 발견할 수 있다. 메모는 시간 관리의 좋은 친구이자 매니저가 되어줄 것이다.

주머니 속의 비서

회사의 임원들에게는 개인비서가 있다. 또 사회적으로 어느 정도 위치가 있는 사람들에게도 어김없이 비서가 존재한다. 비서는 자신이 모시는 사람의 스케줄을 파악하고 조정함으로써 가장 효과적인 방법으로 시간을 사용할 수 있게 도와준다.

우리 모두는 개인적으로 비서를 가질 수 있다. 단지 차이점은 사람이 아닌 주머니 속에 있는 스마트폰을 통해서이다. 오히려 스마트폰은 사람보다 더 기억력이 좋고, 지치지 않으며 감정에 휘둘리지 않는 장점이 있다. 기록하고 메모하고 알림을 설정해놓자.

우리 주머니 속의 개인비서는 너무나도 정확하고 신속하게 우리의 일정을 알려주고, 우리의 생각을 정리해줄 것이다. 주머니 속의 개인비서를 통해 우리도 고위급 임원 못지않은 놀라운 일을 해낼 수 있다. 메모를 통해 기억을 되새기고, 생각을 정리하는 놀라운 경험을 해 보자.

START 5단계는 결코 어렵지 않다.

그리고 이 내용을 몰랐던 사람은 없을 것이다.

하지만 실천하는 사람은 많지 않다.

START를 기억하고 실천한다면 당신의 인생은 변화할 것이다.

지금 살고 있는 현실이 아닌 간절히 꿈꿨던 것 이상의 삶을 살게 될 것이다.

지금 당장 시간 찾기를 시작해보자.

FINDING HIDDEN TIME

—— Part 4 ——

1분 동안
무엇을 할 수 있을까

1분, 순간을
결정한다

1분의 10배는 10분, 1분의 60배는 한 시간, 그런 소박한 잣대는 현대 사회에서 통하지 않는다.
1분의 가치는 시계의 초침이 정하는 절대적인 것이 아니라
그 1분 동안에 무엇을 할 수 있었는가에 따라 정해지는 상대적인 것이다.
-요시다 다카요시

매력적인 1분

1분의 시간은 매력적이다. 짧은 시간이지만 결코 짧지만은 않다.
프랙탈 구조라는 것이 있다. 작은 구조가 전체 구
조와 비슷한 형태로 끝없이 되풀이 되는 구조
를 의미한다. 프랙탈 모형 중 '시에르핀스키
삼각형'이라는 모형이 있다.

시에르핀스키 삼각형은 큰 삼각형
아래 작은 삼각형들이, 그리고 그
보다 더 작은 삼각형들로 무수히

시에르핀스키 삼각형, 출처 : 위키백과

이루어진 구조로 구성되어 있다. 시간도 이와 마찬가지이다. 하루의 시간은 1시간의 시간으로, 그리고 1분의 시간으로 구성되면서 이루어진다.

거꾸로 이야기하면, 1분의 시간이 쌓여 1시간이 되고, 하루가 된다. 그렇기 때문에 늘 내 주변에서 흘러가고 있는 1분의 시간을 소중히 여겨야 한다. 이 시간을 잘 관리해야만 1시간의 시간, 하루의 시간, 그리고 인생 전체의 시간을 소중히 여길 수 있다. 1분의 시간을 소홀히 여기는 사람은 1시간도, 하루의 시간도 소홀이 여길 가능성이 높다. 부분의 시간을 소중히 여기고 잘 관리해야만 전체의 시간도 잘 관리할 수 있다.

1분의 마법

바쁜 아침, 가족 여행을 떠나야 하는 날 엄마가 문밖에서 빨리 나오라고 재촉을 한다. "엄마, 잠깐만 기다려줘"라고 말하자 "쟤는 매 번 저렇게 늦는다"는 불평과 함께 불호령이 떨어진다. 하지만 '엄마 1분만 기다려줘'라고 이야기한다면 조금은 상황이 나아질 수 있다.

이와 같이 1분의 시간은 상대방을 설득시킬 때 매우 효과적이다. 그리고 1분의 마법은 물건을 팔아야 하는 거래처 담당자를 만날 때도 놀라운 효과를 발휘한다. 거래처 담당자에게 "저기 잠깐만 시간 좀 내주시겠습니까?"라고 이야기했을 때 잠깐이라는 불확정성으로 미팅을 거절당할 확률이 높다. 바쁜 사람들은 시간을 잘게 쪼개 쓰기 때문에 잠깐이라는 불확정성에 대한 거부감이 있다.

하지만 "1분만 시간을 내주십시오"라고 이야기한다면 오히려 1분이 가진 짧은 이미지와 예상되는 시간 소비 덕분에 승낙을 받을 확률이 높다. 빨리, 잠깐, 얼른이라는 단어를 1분으로 대체해서 사용해보자. 급격히 달라지는 피드백으로 1분의 매력에 푹 빠질 수 있을 것이다.

1분을 인식하기

평소 1분을 인식하며 사는 사람은 그리 많지 않다. 보통 사람들은 1분을 크게 신경 쓰지 않고 쉽게 흘려보낸다. 하루 24시간을 분으로 계산하면 1,440분이다. 1,440분을 기억하면서 시간을 통제할 때 효과적으로 시간을 쓸 수 있다. 인지하지 못하고 흘려버리는 1분이 쌓여 1시간이 되고 하루가 된다. 1분을 인식하고 소중히 여기는 마음으로부터 시간 관리가 시작한다.

고등학교 시절, 영어 선생님은 우리 반 모든 학생들에게 1분 스피치를 시켰다. 영어시간에 두세 명씩 앞으로 나와 영어로 쓴 자기 이야기를 1분 동안 이야기를 해야 했다. 한 학기에 세 번 정도 1분 스피치를 해야 하는데 스트레스가 이만저만이 아니었다. 영어로 발표를 해야 하는 것 자체도 힘이 들었지만, 1분이라는 시간이 너무나 길었다.

이때 나는 처음으로 1분의 위력을 경험하였다. 1분이 생각보다 긴 시간이고, 이 시간 동안 내 이야기를 하는 것이 쉽지 않은 일이라는 것을 깨달았다. 결코 1분은 짧은 시간이 아니다. 물 속에 들어가 숨을 참으면 1분은 영원과 같은 느낌으로 흐른다.

플랭크 자세를 취하고 1분을 버티기 쉽지 않다. 1분은 명절 열차표를 예매할 때 대기번호가 1만 번 이상 차이날 수 있는 시간이다. 1분은 2016 리우올림픽에서 '나는 할 수 있다'를 되뇌며 펜싱경기에 임한 박상영 선수가 대역전극 드라마를 쓸 수 있는 시간이다. 1분은 떠나려는 연인의 마음을 돌이킬 수 있는 시간이다.

1분은 면접장에서 자신이 살아온 이야기와 이 회사에 지원하게 된 동기, 회사를 통해 이루고자 하는 포부를 밝히는데 충분한 시간이다. 그렇기 때문에 1분 면접 준비, 1분 자기소개 등 면접 준비에 도움을 주는 프로그램에서도 1분을 강조한다.

나는 태권도 수련을 꽤 오랫동안 해왔다. 태권도 수련은 크게 품새와 겨루기로 나뉜다. 이중 겨루기는 제한시간 하에 상대방과 공격과 수비 기술 대련을 하는 것인데 1분간 대련을 하고 나면 온몸의 힘이 쭉 빠지고 다리가 후들거린다. 겨루기 하는 순간에는 시간이 잘 가지 않는다.

시험장은 1분 1초를 중요시 여기는 곳 중 하나이다. 나는 일 년에 한두 번 공무원 시험감독을 나간다. 대부분의 시험들이 OMR 마킹을 하도록 되어 있고 답안지를 제출받아 채점을 한다. 시험이 끝나면 더 이상 마킹을 할 수 없다. 마킹하는데 걸리는 시간은 길어야 2~3분이다. 하지만 종종 마킹을 마무리 못해서 안타까워하는 수험생들을 만난다. 규정상 시간을 더 줄 수 없기에 안타까운 마음이 들지만 거의 백지 상태의 답안지를 단호하게 회수한다. 이 수험생만큼 1분의 절실함을 느끼는 사람이 또 있을까.

　나 또한 최근까지 수험생이었기에 시험장에서의 절절한 1분이 생생하다. 공무원은 기본적으로 법을 근거로 일을 한다. 그렇기 때문에 법학에 대한 전문성을 가지고 있으면 매우 유리하다. 학부에서 법을 전공했지만, 더 전문적인 지식을 얻기 위해 법학전문대학원 입학 준비를 2년간 했었다. 2년간 면접 전형까지는 모두 도달했지만 최종 합격을 하지 못하고 결국 법학전문대학원 입학에 실패했다.

　법학전문대학원, 로스쿨을 입학하기 위해서는 법학적성시험^{LEET}을 치러야 한다. 법학적성시험은 기본적으로 시간이 넉넉하지 않기 때문에 마지막 1분까지 알뜰하게 사용해야 한다. 오죽하면 로스쿨 진학을 준비하는 학원에서 법학적성시험 직전에 제공하는 파이널 특강 중에는 최후의 1분을 위한 찍기 방법 특강까지 마련되어 있다. 긴장되고 숨막히는 순간에서 마지막 1분까지 문제를 풀기 위해 최선을 다한다. 종이 치는 그 순간까지 문제를 풀고 마킹을 한 기억이 있다.

　지금까지의 사례를 살펴볼 때 1분이 특별한 상황에서만 길게 느껴지고 중요한 것이라고 생각할 수도 있다. 그렇다면 거꾸로 생각해서 우리 일상의 모든 순간을 특별한 상황으로 만들면 1분의 소중함을 느낄 수 있게 된다. 지하철을 타면 비교적 시간이 정확하게 목적지까지 도착한다. 그리고 보통 역 간격이 2분 내외이다. 역 하나를 지나는 순간을 인식해보자. 그 시간 동안 눈을 감고 시간의 흐름을 느껴 보자. 아무 생각 없이 1분을 흘려보냈을 때와는 또 다른 경험을 할 수 있다.

　핸드폰의 스톱워치로 1분을 설정하고 그 시간 동안 집중한다면 새로운 1분의 모습을 발견할 수 있다. 1분 동안 사랑하는 사람의 눈을 바라보자. 생각보다 1분이 길게 느껴질 것이며, 사랑하는 이의 모습을 자세히 오랫동안 바라보는 흔치 않은 기회가 될 것이다. 지붕에서 떨어지는 작은 한 방울의 물이 계속되면 바위를 뚫는다. 1분의 시간들이 모이고 모일 때 큰 시간이 되고, 그 시간은 하고 싶은 일들을 할 수 있는 귀한 밑거름이 된다.

하루를 결정짓는
첫 시간

만족감과 함께 잠자리에 들고 싶다면 매일 아침 투지와 함께 일어나야 한다.
-조지 로리머

일어나자마자 이미지 트레이닝

아침에 알람이 울린다. '오늘 주말 아닌가?'라는 생각도 해 보지만 오늘은 월요일. '아 어제 너무 늦게 잤어.' 하며 후회도 하지만 지금 일어나야만 한다. 이 무미건조한 일상에 1분만 다른 일을 해 보자. 눈을 뜨자마자 즐거운 상상을 해 보자. 졸려 죽겠는데 무슨 즐거운 상상이냐고 반문하겠지만 그 행동을 통해서 하루가 바뀌고 인생이 바뀐다면 남는 장사가 되지 않겠는가?

개인 사업을 크게 성공하고, 지금은 인재 육성에 힘을 기울이고 있는 고토 하야토는《아침 1분 사용법》에서 아침에 눈을 떴을 때 하루의 성공과 일정, 그리고 3년 후의 내 모습, 성공한 모습을 그려 보라고 조언한다. 이 1분은 성공을 실현시키는 힘을 가지고 있다고 고토 하야토는 강조하며 자신 또한 이 방법을 통해서 큰 성공을 이루었다고 증언한다.

> 겨우 1분이라고는 하지만 앞으로 시작될 하루를 머릿속에 그리면 정신이 서서히 맑아져 온다. 그리고 상상한 것들이 어느새 머릿속에 입력되어 긍정적인 생각을 할 수 있게 된다.
>
> — 《아침 1분 사용법》, 고토 하야토[20]

사람은 살아가면서 시간적 제약, 공간적 제약으로 인해서 해야 하는 일을 다 하지 못하는 경우가 있다. 이럴 경우 이미지 트레이닝의 방법을 활용하곤 한다. 단순히 상상하는 일이지만 이미지 트레이닝에는 놀랄 만한 위력이 숨어 있다.

《죽음의 수용소에서》를 쓴 빅터 프랭클 박사는 독일 나치 수용소에서 수감 생활을 했다. 지금도 감옥에 갇힌 사람들은 심리적으로 불안감을 느낀다. 특히 나치 수용소의 경우 쉽사리 사람들을 죽였기 때문에 그곳에 갇힌 사람들은 죽음의 문턱까지 와 있다고 생각한다. 그리고 더 불안감을 느끼게 된다.

불안감과 공포감을 견디지 못해 정신적으로 문제가 생긴 사람들도 많았다. 빅터 프랭클 박사 또한 극심한 불안감을 억제하기가 힘들었다. 불안과 공포, 비관적인 생각을 떨치기 위해 빅터 프랭클 박사가 선택한 방법이 바로 이미지 메이킹이었다. 비록 현실은 암흑같지만 눈을 감고 아름다웠던 과거를 상상한다. 매일매일 기쁜 일을 상상하며 불안을 극복해나갔다. 그리고 훗날 그가 석방되었을 때는 매우 건강한 정신 상태를 유지할 수 있었다.

> 곧 우리는 전날 일했던 배수구로 위치를 찾아서 갔다. 얼어붙은 땅이 곡괭이 끝에서 깨지는 소리를 냈다. 그러자 불꽃이 일어났다. 모두들 말이 없었고, 머리는 마비되어 있었다. 그때도 내 마음은 여전히 아내의 영상에 매달려 있었다. (중략) 이 세상 그 어느 것도 내 사랑의 굳건함, 내 생각, 사랑하는 사람의 영상을 방해할 수는 없었다.
>
> – 《죽음의 수용소에서》, 빅터 프랭클[21]

이와 같이 단지 상상하는 것만으로 하루가 바뀌고 인생이 바뀔 수 있다. 상상은 우리의 생각보다 더 놀라운 능력을 가지고 있고 엄청난 결과를 가져온다.

정신과 의사이자 심리학자인 맥스웰 몰츠는 농구 선수를 대상으로 두 집단으로 나눠 실험을 하였다. 한 집단은 직접 자유투를 연습할 수 있는 시간을 주고, 나머지 한 집단은 자유투 던지는 이미지 트레이닝을 하도록 하였다. 그리고 실제로 자유투를 했을 때 이미지 트레이닝을 한 집단의 성공률이 더 높다는 결과를 얻었다.

국내 양궁 선수들도 이미지 트레이닝의 훈련법을 채택하여 사용한다고 한다. 올림픽 금메달을 따는 것보다 대한민국 국가대표로 선발되기가 더 힘들다는 양궁에서 이미지 트레이닝의 방법을 사용하여 훈련함으로써 이미지 트레이닝의 효과를 증명해준다.

나도 아침에 일어나자마자 이미지 트레이닝을 한다. 행복한 가족의 미래 모습을 그려 보고, 직장에서의 성공을 그린다. 그리고 작가의 꿈을 꾼다. 이 모든 것들이 이루어져 갈 것이라 믿어 의심치 않는다.

1분의 시간은 길지 않다. 하지만 짧다고 결코 무시할 수 없는 시간이다. 우리가 의지만 있다면 충분히 투자할 수 있는 시간이다. 아침 1분, 일어나자마자 이미지 트레이닝을 통해서 하루를 그려 보자. 그 상상대로 인생이 흘러갈 것이다.

음악과 함께 즐거운 아침

음악은 사람에게 즐거움을 준다. 음악을 통해서 새로운 힘을 얻을 수 있다. 음악은 마음의 상태를 변화시킬 수 있다. 야구 선수들은 선수 개인마다 응원가가 있다. 타석에 들어설 때 응원가를 팬들이 불러준다. 지금은 은퇴해서 코치로 일하는 이병규 코치는 선수 시절 영국 록밴드 Queen의 'I was born to love you'를 응원가로 사용했다. 물론 각 팀별로 선수들을 응원하기 위해 많은 응원가가 있다. 선수들은 그 응원가를 들을 때 힘이 나고 타석에서 더 집중이 된다고 한다.

우리도 일상 상황에서 이와 같은 응원가를 선정해 힘이 필요할 때 들으면 도움을 받을 수 있다. 아침에 클래식 음악을 틀어놓으면 마음의 안정을 얻을 수 있고, 차분하게 아침을 시작할 수 있다. 또한 걸

그룹 음악을 틀어놓으면 조금 더 기분 좋게, 활기찬 아침을 시작할 수 있다. 어떤 곡이든 좋다. 나를 응원해주는 곡, 내 마음을 정확히 표현한 곡을 골라 아침 시작과 함께 듣는다면 예상치 못한 새로운 힘을 얻을 수 있을 것이다.

책상 정리하는 1분

출근을 하고 먼저 와 있는 동료들과 기분 좋게 인사를 나눈다. 그리고 자리에 앉는다. 바로 업무를 시작하는가? 그렇다면 준비운동 없이 차가운 물에 뛰어드는 것과 같다. 수영을 할 때 차가운 물에 바로 뛰어 들게 되면 몸에 무리가 온다. 준비운동을 충분히 해야 한다. 때로는 물의 온도를 체크해서 내 몸에 적응을 시켜줄 시간이 필요할 경우도 있다.

업무는 기상한 이후의 시간과는 다른 온도를 가지고 있다. 서로 다른 온도에 몸을 맞추기 위해서는 적응의 시간이 필요하다. 이 시간이 길 필요는 없지만 꼭 필요하다. 잠수사들은 심해 잠수를 한 이후 감압 챔버를 통해야만 한다. 심해 잠수를 한 이후 육상에 바로 올라오면 잠수병으로 고통을 받는다. 감압챔버는 심해 잠수를 통해 체내에 쌓인 질소를 밀어 내고 천천히 육상의 환경과 유사한 환경을 맞춰주는 역할을 한다. 이러한 과정들은 잠수사들이 전혀 다른 환경에 잘 적응할 수 있도록 도움을 준다.

1분간 책상 정리를 하고 하루 계획을 생각해보는 시간이 바로 수영

전 준비운동이며 감압챔버를 거치는 시간이다. 책상의 먼지를 닦고 서류를 정리하며 오늘 해야 할 일을 업무수첩에 정리해야 몸의 컨디션이 업무환경에 적응할 수 있다. 나는 아침에 출근을 하면 잠시 눈을 감고 묵상하고 나서 물티슈를 뽑아들어 키보드와 책상 위를 쓱 닦아 낸다. 그리고 서랍에서 서류를 꺼내어 업무수첩에 오늘 해야 할 일을 정리한다. 짧은 1분의 시간을 통해 하루 업무를 계획할 수 있고, 새로운 마음으로 업무를 대할 수 있기 때문이다.

업무를 처리하는 책상은 마음의 상태를 보여주는 거울이다. 마음이 혼란스럽다면 책상 위도 혼란스럽다. 이럴 때에는 책상을 정리함으로써 마음 또한 정리를 할 수 있다. 하루 업무를 시작하는 기초 공사가 책상을 정리하는 것이니까.

잠자기 전 1분이
꿈을 결정한다

내일 죽을 것처럼 오늘을 살고 영원히 살 것처럼 내일을 꿈꾸어라.
-체게바라

퇴근 후 1분이 저녁 시간을 좌우한다

직장에서 치열한 시간을 보내고 집에 돌아와 가장 먼저 무엇을 하는가? 퇴근길 내내 보던 스마트폰을 바라보면서 가방과 외투를 벗어 던지고 소파에 앉지는 않는가? 스마트폰을 충전기에 꽂지는 않는가? 리모컨을 먼저 집어 들지는 않는가? 퇴근하고 집에 들어선 후 1분의 시간이 저녁 시간을 좌우한다. 그 1분을 어떻게 활용하는지에 따라서 내 저녁 시간이 결정된다.

집에 들어오자마자 스마트폰을 충전기에 꽂았는가? 그렇다면 잠자기 전까지 스마트폰을 계속 볼 것이다. 리모컨을 집어 들었는가? 그

저녁 시간은 TV와 온전히 한몸이 될 것이다. 집에 들어서자마자 사랑하는 가족과 1분간 다정한 대화를 나눠 보자. 스마트폰은 잠시 다른 곳에 두고 하루 동안 있었던 일을 이야기해보면 그 저녁 시간은 가족과 함께하는 시간이 될 것이다.

집에 들어서서 리모컨을 집는 대신 책을 집어 들어 보자. 1분 동안의 독서를 통해 책의 내용을 훑어 보고 궁금증을 가지면 그 저녁 시간은 책과 함께하는 시간이 될 것이다. 순간의 선택이 평생을 좌우한다는 말이 있다. 퇴근 후 1분의 선택은 그날 저녁 시간 뿐만 아니라 평생을 좌우하는 중요한 선택이다.

꿈을 결정하는 잠자기 전 1분

《잠자기 전 30분의 기적》의 저자 다카시마 데쓰지는 잠들기 직전 1분에 주목한다. 아직까지 수면 시간과 꿈은 우리에게 미지의 세계이다. 조금씩 밝혀지고 있지만 아직까지는 조금 먼 이야기이다. 하지만 다카시마 데쓰지는 잠자기 전 1분의 시간을 잘 준비한다면 뇌가 내 지시대로 일할 수 있다고 말한다. 잠자기 전 1분의 시간은 뇌에게 마지막으로 작업지시를 하는 시간이고 이 시간 이후 수면 시간은 마지막 작업지시를 뇌가 숙성하는 시간이라 한다. 드문드문 기억이 나는 꿈 또한 잠자기 전 1분의 시간으로 결정이 된다고 저자는 말한다.

잠자기 전 1분이 열쇠를 쥐고 있다. 이 1분이 놀라울 정도로 우리의 기억력을 향상시킨다. 기억력이 향상되면 신나는 인생을 살 수 있고, 매일 멋진 아침을 맞이할 수 있다. 나는 잠들기 1분 전에 꿈꿀 준비를 한다. 잠자는 동안 뇌가 내 지시대로 일할 수 있도록 준비작업을 마친 셈이다. 의식은 잠들어도 우리 뇌는 깨어 있어 할 일을 한다. 잠들기 1분 전은 뇌에게 마지막으로 작업지시를 내리는 시간, 즉 꿈꿀 준비를 하는 시간이다.

- 《잠자기 전 30분의 기적》, 다카시마 데쓰지[22]

우리는 평생의 1/3을 잠자는 시간에 할애한다. 100세 시대를 맞이하는 지금 우리는 평생 동안 약 33년은 잠을 잔다. 길고 긴 시간이다. 이 시간을 잘 활용하는 사람은 조금 더 성공적인 인생을 살아갈 수 있다. 그래서 4~5시간만 자며 성공한 사람들이 주목받기도 하고 잠을 줄여야 한다는 주장 또한 등장한다. 하지만 많은 전문가들은 잠을 줄이는 것은 좋은 방법이 아니라고 이야기한다. 대신 수면 시간을 의도적으로 잘 사용해야 한다.

다카시마 데쓰지의 말이 아니더라도 우리는 경험적으로 잠자기 직전의 시간이 꿈에 영향을 준다는 것을 알고 있다. 공포영화를 보고 잠든 날은 잠자리가 뒤숭숭하고 귀신이 보인 것 같기도 하다. 재밌는 연애소설을 읽고 잔 날에는 달콤하고 향긋한 꿈을 꾼다.

나는 조앤. K. 롤링의 해리포터를 영화로 접했다. 고등학생 시절 해리포터 영화를 보며 큰 감탄을 했다. 영화에서는 벽을 뚫고 들어가 기차를 타고, 빗자루를 타고 날아다니는 환상의 세계를 잘 표현했다. 그리고 며칠 동안 꿈속에서 나는 마법사가 되어 해리포터, 헤르미온느와 함께 마법의 세계를 다니는 꿈을 꿨다.

이와 같이 꿈은 현실 세계를 많이 반영한다. 내가 무엇을 봤고, 무엇을 경험했는지, 그리고 무엇을 상상하는지에 따라 꿈은 그 현실 세계를 투영해낸다. 잠자기 전 1분의 시간을 통해 의식적으로 뇌를 학습 상태로 만들 때 우리는 버려진다고 생각했던 수면 시간 또한 우리의 것으로 만들 수 있다. 이는 다시 아침의 1분으로 이어져 시간의 선순환이 일어나게 된다.

머리를 말랑말랑,
워밍업 공부

시간은 누구에게나 공평하게 주어진 자본금이다. 이 자본을 잘 이용한 사람이 승리한다.
– 아뷰난드

1분 동안 무슨 공부를 해?

'1분 동안 공부를 할 수 있을까?'라는 질문에 대부분의 사람들은 '1분 동안 무슨 공부를 해? 책 펴다 끝나겠다.' 하고 반문한다. 현대를 살아가는 대부분의 사람들은 지속적으로 공부를 하고 있다. 학창 시절이든 자격증 시험이든 입사 시험이든 공부를 해야만 했다.

공부라고 하면 어떤 상상이 드는가? 우선 고요한 독서실이나 도서관이 떠오른다. 각자 성향에 따라서는 백색소음이 있는 카페를 선호하는 사람도 있다. 자리를 잡고 책과 필기구, 노트를 세팅한다. 강의가 필요하다면 노트북을 배치한다. 그리고 두세 시간 정도는 진득하니 앉아서 공부를 해야 뭔가 공부하는 느낌도 나고 '열심히 하는 사람이구나'라는 무언의 인정도 해줄 수 있다. 잠깐 앉았다가 들썩거리며 다시 일어나는 사람은 공부에 집중하지 못하는 사람이라고 치부된다.

그런데 1분 동안 공부를 한다고? 지금까지의 상식에서는 전혀 말이 되지 않는 이야기이다. 연간 10억 원의 매출을 올리고 있는 일본의 CEO 이시이 다카시는 본인의 책《머리가 좋아지는 1분 공부법》[23]에서 1분 학습은 충분히 가능하며 이 방법은 매우 효과적이라고 주장한다. 저자는 초중고 때는 별로 특출 나지 못했다. 하지만 본인이 개발한 1분 공부법을 통해서 명문 고등학교를 졸업하고 모의고사에서도 전국 1등을 하면서 일본 유수의 대학인 게이오대학에 입학하였다. 1분 공부는 시간 활용 측면에서도 좋을 뿐더러 집중력의 차원에서도 매우 효과적이다.

워밍업 리딩

독서 붐이 일면서 독서법 관련 책들이 인기다. 시간은 없고, 읽어야할 책은 많은 상황에서 속독법을 제시하는 책들도 많다. 대표적인 예로 김병완 작가는 《1시간에 1권 퀀텀독서법》에서 빠르게 읽되 내용을 숙지할 수 있는 퀀텀독서법을 제시한다.

눈으로 책을 읽는 것이 아니라 뇌로 읽는 방법을 제시해서 문자만을 읽는 속도만 빠른 속독법을 지양하고 있다. 또한 내용을 숙지한다는 핑계로 늘어지는 독서법 또한 지양한다. 그는 뇌가 눈을 따라가는 속도를 훈련함으로써 빠르게 책을 읽을 수 있다고 주장한다.

숨은 1분을 찾아내고 그 시간을 어떻게 효과적으로 사용하는지 알아보고 있지만, 1분의 시간을 그대로 독서법에 적용할 수는 없다. 물리적으로 1분의 시간 동안 책 1권을 읽는다는 것은 불가능하고 그렇게 읽어서는 전혀 남는 것이 없다. 하지만 1분의 시간 동안 책의 전체 흐름을 파악하고 전체의 내용을 훑어보는 독서는 가능하다. 이러한 방법은 워밍업 리딩이라 부를 수 있다.

여행을 떠나기 전 우리는 여행 계획을 한다. 일주일의 여행을 떠나면서 한두 시간 정도는 전체적인 여행의 계획을 훑어보고, 지도도 찾아보면서 여행 전반에 대해 그리는 시간을 가진다. 그럼으로써 실제로 여행을 갔을 때 훨씬 더 친숙하고 계획한 대로 움직일 수 있게 된다.

나는 여행을 떠나기 전 방문하는 곳에 대해서는 구글 지도의 거리뷰를 이용해 실제의 모습을 살펴본다. 길을 찾는데 훨씬 용이할 뿐만 아니라 그곳에 도착했을 때 발생할 수 있는 예측 불가한 상황을 방지할 수 있기 때문이다. 구글 지도로 길 찾기를 해 보면 공사 중인 구간, 문제가 있는 구간은 표시가 되지 않는다. 대중교통 또한 어떤 것을 이용했을 때 단시간에 도착할 수 있는지를 알려준다. 이러한 사전 작업을 통해서 한정된 여행 시간 동안 시간을 아끼며 보고 싶은 곳을 잘 볼 수 있게 된다.

독서 또한 작가의 인생을 바친 여행길에 나서는 것이다. 1분의 시간 동안 책장을 넘겨가며 작가의 생각을 엿보고, 어느 부분에 강약 조절을 하며 읽을 것인지를 예상해본다. 중요한 부분일 경우 다시 읽을 때 힘을 들이고, 조금 곁다리로 빠지는 내용에 대해서는 힘을 빼고 읽는 강약 조절이 필요하다. 1분의 시간을 들이지 않고, 무턱대고 읽는 것보다 1분 워밍업 리딩을 통해 전체적인 숲을 조망하며 각 나무를 살펴볼 수 있어야 한다. 그럴 때 책의 숲에서 길을 잃지 않고 작가가 인도하는 대로 잘 따라 올 수 있게 된다.

짧게 여러 번 학습

열심히 몇 시간 동안 공부하고 나서 뒤를 돌아서면 뭘 공부했는지 깜깜해지는 경험. 공부를 해본 사람들은 잘 알 것이다. 아무리 꼼꼼히 공부해도 기억이 잘 나지 않는 경우가 많다. 책 한 권을 공부해야 한다면 3일에 걸쳐 한 번 정독을 하는 것보다 매일 두세 번씩 속독을 하는 것이 더 기억에 잘 남는 방법이다.

공부법에서도 반복 숙달에 대해 강조하는 경우가 많다. 《이것이 공부다》의 저자 이한 변호사는 생각하며 공부하기의 중요성을 이야기하면서 반복하는 공부법에 대해 강조한다.[25] 물론 기계적으로 반복하는 것이 아니라 조금씩 더 나아지려는 의도를 지닌 반복을 해야 한다.

《7번 읽기 공부법》의 저자 야마구치 마유는 도쿄대 법학과를 수석으로 졸업하여 사법 시험, 국가공무원 시험에 합격하고 현재 변호사로 일하고 있다.[26] 야마구치 마유는 한 번 집중해서 책을 한 권 읽으며 공부하는 것보다 가벼운 마음으로 7번 읽는 공부법을 통해 다양한 시험에서 좋은 결과를 얻었다고 이야기한다.

특히 직장인들은 한 번 공부할 때 많은 시간을 투자할 수 없다. 그렇기 때문에 잠깐잠깐 짧은 공부를 여러 번 반복하는 것을 통해 지식을 쌓는 것이 훨씬 효과적이다. 흔히들 공부를 무술에 비교하곤 한다. 일주일에 한 번 5시간 연속으로 무술 수련을 하는 것보다 하루에 30분씩 매일 수련하는 것이 실력 향상에 큰 도움이 된다. 공부도 이와 마찬가지다. 긴 시간을 학습하는데 집중하는 것보다 짧게 여러 번 학습하는 것이 더 좋은 결과를 얻을 수 있다.

헤르만 에빙하우스는 독일의 심리학자로서 실험심리학의 선구자이다. 그는 인간의 기억이 시간이 지는 것과 반비례하여 망각된다는 사실을 실험으로 증명하였다.

에빙하우스의 망각곡선은 지금도 많이 알려져 있다. 에빙하우스는 망각곡선을 통해 한 번 기억에 남은 것도 한 시간이 지나면 50%, 한 달이 지나면 20%도 채

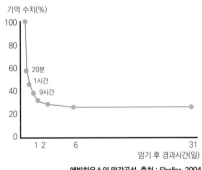

에빙하우스의 망각곡선, 출처 ; Shaller, 2004

153

남지 않는다고 이야기한다.

이 이론에 따르면 한 번 공부해서 기억하는 것보다 일정한 간격을 두고 여러 번 반복해서 학습하는 것이 효과적인 공부 방법이 될 수 있다. 결국 1단어를 1분에 걸쳐서 정확히 기억하고 1시간 동안 60단어를 공부하는 것보다, 1초에 1단어씩 1분에 60단어를 60번 반복하는 것이 더 효과적인 공부 방법이다. 단어 암기를 60회 반복할 수 있는 1분의 시간. 결코 짧지 않으며 많은 일을 할 수 있는 소중한 시간이다.

사람을 처음 만날 때에는 버퍼링이 필요해요

물은 어떤 그릇에 담그냐에 따라 모양이 달라지지만,
사람은 어떤 친구를 사귀느냐에 따라 운명이 결정된다.
– 히구치 히로타로

인간관계가 중요하다

아리스토텔레스는 '인간은 태어나면서부터 사회적 동물이다'라고 말했다. 사람은 태어나면서부터 사회의 일원이 된다. 사람은 혼자 살아가는 존재가 아니다. 사람은 사회를 이루고 살아가며 그 안에는 다양한 관계가 존재한다.

가정에서부터 일터까지 모든 것은 관계로부터 시작하고 관계로 인해 영향을 받는다. 태어나서 처음으로 관계를 갖는 부모와 자식, 학교에서 만나는 친구, 직장에서 만나는 동료, 이 모든 것이 관계로 이루어진다. 특히 어떠한 일을 추진해야 할 때 인간관계는 일의 성공여부에 큰 영향을 미친다.

평소에 좋은 관계를 유지해놓은 사람이 담당자로 있을 경우 아무래도 조금 더 편안하게 일을 추진할 수 있고, 반면에 껄끄러운 사람이 담당자로 있는 경우에는 될 일도 안 되는 경우가 허다하다.

나는 부처를 두 번 이동하면서 인간관계의 중요성을 깨달았다. 통일부에서 한국방송통신대학교로 이동할 때는 한국방송통신대학교에 아는 사람이 단 한 명도 없었다. 내가 임용된 지역 인재 추천 제도를 통해 선발된 공무원들은 대부분 국가 부처에 가 있기 때문에, 동기들도 교육부에는 근무하고 있어도 방통대에는 근무하는 사람이 없었다.

그렇게 외롭고 힘들 수가 없었다. 처음 부처를 이동했다는 어색함과 더불어 아는 사람이 없다는 것은 극복하기 어려운 일이었다. 다행히 좋은 동료들을 많이 만나서 외로움이 오래 지속되지는 않았지만 처음 몇 주간의 시간을 이겨 내는데 꽤 많은 에너지를 사용했다.

하지만 두 번째 부처 이동을 할 때는 훨씬 수월하게 정착할 수 있었다. 방위사업청에는 신규 교육을 받을 때 함께 받았던 동기들이 몇 명 있었기 때문에 초반에 많은 도움을 받을 수 있었다. 물론 과 사무실 자체에는 아는 사람이 없었지만 방위사업청 안에 아는 사람이 있다는 것 자체로 큰 위로가 되었다.

업무를 추진할 때도 마찬가지다. 방위사업청의 모든 업무는 법과 규정에 따라 진행한다. 하지만 일을 진행하면서 궁금한 것이 생길 때도 있고, 규정 해석에 관해 의견이 분분할 때도 있다. 이럴 경우 아는 사람이 해당 부서에 있으면 전화하기가 훨씬 부드러워진다. 물론 모르는 사람에게 전화가 왔다고 불친절하거나 답을 안 해주는 경우는 없다.

프로들이 살아가는 직장의 세계에서 아는 사람이기에 업무를 처리하고, 모르는 사람이기에 업무를 처리하지 않는 일은 있을 수가 없다. 다만 전화를 걸거나 문의를 하는 내 개인적인 입장에서 느낄 때 아무래도 아는 사람이 담당을 하는 업무에 대해서는 조금 더 부드럽게 문의가 가능하다는 점을 이야기하는 것이다.

마이크로 소프트의 창업자인 빌게이츠는 IBM이 개발한 개인용 컴퓨터에 MS-DOS프로그램을 탑재하는 것을 계기로 크게 성장했다. IBM은 당시 거대한 대기업이었고, 빌게이츠의 마이크로소프트는 지금과 달리 수많은 작은 컴퓨터 회사 중 하나였다. IBM이 마이크로 소프트의 성장 내역과 미래의 성장 가능성을 보고, IBM이 개발 중인 개인용 컴퓨터에 탑재될 베이직 언어 개발을 의뢰하였다고 한다.

하지만 당시 IBM이 개인용 컴퓨터 개발 파트너로 빌게이츠의 마이크로 소프트를 선택한 것은 단순히 회사의 성장 가능성만을 고려한 것은 아니다. 빌게이츠의 어머니인 메리게이츠는 IBM의 고위 임원이었던 존 해커와 세계에서 가장 큰 비영리 단체 유나이티드 웨이United way의 미국지사 이사회에서 함께 활동했다.

메리게이츠는 존 해커에게 개인용 컴퓨터 개발 파트너를 선정할 때 소규모 회사들에게도 제안서를 받도록 조언했고, 그때 제안서를 내고 선정된 회사가 빌게이츠의 마이크로 소프트이다. 물론 마이크로 소프트도 그 당시 충분히 이 사업을 감당할 능력이 있었기 때문에 선정이 되고 지금의 회사 규모로 성장했을 것이다. 그 모든 것이 실력으로만 이루어진 것이 아닌, 인맥의 힘이 일부분 있었던 것은 결코 간과할 수 없다.

l분 인간관계

새로운 모임이나, 회의에 초대되어서 갔다. 아는 사람 얼굴도 몇몇 보인다. 아는 사람들과만 만나고 돌아가기에는 기껏 시간 내서 이 자리까지 온 것이 좀 아쉽다. 한 명이라도 더 알아가기 위해 주머니에 명함 뭉텅이를 넣고 이 사람 저 사람 돌아다니면서 명함을 뿌린다. 그렇게 뿌리고 거둔 명함이 내 서랍에도 한 움큼 있다. 지금 다시 꺼내 보면 누가 누구인지, 언제 만났던 사람인지도 기억이 잘 안 난다. 명함에 간단한 메모를 해 두지만 특별히 그 사람과 연관된 일이 아니면 연락하기도 좀 애매하다.

그래서 이제는 전략을 바꿨다. 명함을 교환을 하고 나서 아주 가벼운 이야기를 시작으로 최소 1분 이상은 대화를 하려고 노력한다. 날씨 이야기, 음식 이야기, 모임 장소의 분위기 등 어떠한 이야기도 좋다. 가벼운 대화로 공감대를 형성하는 것이다. 이러한 과정을 통해 좋은 연결고리가 생기면 더 깊은 이야기로 나아갈 수 있다.

물론 1분 이야기를 나눈 후 연결고리가 생기지 않아 대화가 마무리되는 경우도 있다. 그래도 그저 명함만 교환한 것보다는 훨씬 효과적이었다. 이러한 전략으로 이제는 대화를 통해 깊은 관계가 형성된 이들이 많다. 또 짧게 이야기를 나눈 상대이지만 다음번에 내가 필요한 일이 있을 때 연락을 해도 덜 어색한 관계를 형성한 경우도 있다.

첫 만남에는 첫 인상이 중요한 법이다. 내가 어떻게 기억되는지, 내가 상대를 어떻게 기억하는지는 첫 1분에 결정된다. 면접 시험에서 면접관들은 면접 대상자의 첫 인상을 아주 중요하게 생각한다. 매 순간이 면접시험은 아니지만 새로운 사람들을 만나는 순간, 첫 1분의 노력을 통해 평생을 함께 할 좋은 관계를 얻을 수 있다.

내가 원하는 것을 얻기 위해서

일 분 전만큼 먼 시간은 없다.
-짐 비숍

업무의 연결고리, 협상

직장인들은 사회적 관계가 중요하다. 특히 업무가 진행되는 과정에서 관계적인 영향을 많이 받는다. 친구들을 만나는 순간에는 아무런 준비 없이 그냥 만나도 큰 영향이 없다. 그들은 이미 오랜 시간을 함께 했기 때문에 내 생각과 상황을 잘 안다. 하지만 편한 인간관계를 제외하고는 내 생각과 똑같은 사람은 흔치 않기에 사회에서 사람을 대하며 일하기는 쉽지 않다. 특히나 서로가 서로에게 무엇인가를 얻기 위해 협상을 벌이는 자리는 더더욱 어려움이 많다.

이러한 경우에는 베테랑 직원들도 긴장의 끈을 놓지 못한다. 협상의 순간에 1분의 시간을 어떻게 사용하는가에 따라 결과는 크게 달라진다. US러닝에서 근무하는 돈 허트슨과 조지루카스는 자신들의 책 《1분 협상수업》에서 협상 능력을 발전시키기 위해서는 협상을 시작하기 전 1분이 매우 중요하다고 이야기한다. 그들은 1분 협상 훈련을 위해 다음과 같은 4단계를 제시한다.

> 1단계, 협상이 시작되었음을 깨닫고 전략을 검토하라
>
> 2단계, 상대방과 자신의 경향을 분석하라
>
> 3단계, 만족스럽고 적절한 전략을 선택하라
>
> 4단계, 세 단계를 기억하라
>
> - 《1분 협상수업》, 돈 허트슨, 조지루카스[27]

어떻게 보면 당연할 수도 있고, 간단한 일일수도 있지만 단 1분의 이 손쉬운 과정이 협상을 위한 안전띠라고 이야기한다. 물론 이 단계를 훈련하고 실전에 적용한다고 반드시 협상에서 승리한다고 장담할 수는 없다. 하지만 이 과정을 통해 협상의 실패 확률을 줄이고 성공할 확률을 높일 수 있다. 대수롭지 않게 1분의 시간을 흘려보내기보다, 1분의 시간 동안 협상에 대한 전략과 상대방을 분석한다면 더 만족스러운 결과를 얻을 수 있다.

협상뿐만이 아니다. 사람을 만나기 전 단 1분 동안 만남에 대해서 생각하고 혹시 질문을 한다면 어떠한 질문을 할 것인지, 대답을 해야 한다면 이런 부분에서는 이렇게 대답을 해야겠다고 생각하고 만남에

임하면 훨씬 더 풍성하고 의미 있는 만남이 될 수 있다.

　나 또한 업무를 하면서 외부 업체를 만나러 갈 기회가 종종 있다. 이러한 경우 단 1분이라도 미팅하는 동안 어떤 질문을 할 것인지, 어떤 점에 집중해야 하는지, 흐름이 끊겼을 때 어떠한 이야기를 해야 할지, 대화를 어떻게 주도해 나갈 것인지를 미리 생각해본다. 이렇게 잠깐의 시간 동안 미팅에 대해 생각하고 대화를 시작한 경우 아주 매끄럽게 미팅이 진행된다.

　반면 허겁지겁 바쁜 마음에 미팅에 들어간 경우에는 버벅거리는 경우도 많고 예상보다 성과를 얻기 힘든 적도 있었다. 아주 짧은 1분의 시간이지만 고민하는 시간을 통해 상대방과의 대화 흐름에서 우위를 점할 수 있고, 중요한 것 위주로 대화를 진행할 수 있기에 목표에 다다르기도 쉽다.

지피지기(知彼知己)면 백전백승(百戰百勝)

　《60초 두뇌정리법》의 작가 스즈키 신스케는 기업 컨설턴트로 일하면서 스쳐 지나가는 1분에 집중한다. 스즈키 신스케 협상 전 1분의 시간 동안 상대방에게 제시할 이점을 정리하고 교섭에 필요한 조건을 메모할 것을 주문한다. 그 메모에는 희망 조건, 대안, 최후 수단 등이 적혀 있어야 한다. 이 과정을 통해서 무의식중에 협상의 모든 과정과 조건이 자연스럽게 정리된다.

추천하고 싶은 방법은 교섭에 필요한 조건을 노트에 미리 정리해두는 것이다. 상담이나 협상에 들어가서 노트에 기록하는 사람은 많지만 '협상 전'에 노트에 쓰고 정리하는 사람은 별로 없는 것 같다. 협상 전에 중점 정리를 해 두면 교섭할 때 핵심만 다룰 수 있고, 상대방에게 질문을 받았을 때도 알기 쉽게 대답해 줄 수 있다.

– 《60초 두뇌정리법》, 스즈키 신스케[28]

이와 같이 대수롭지 않게 1분의 시간을 흘려보내는 것보다 1분의 시간 동안 협상에 대한 전략과 상대방을 분석한다면 더 만족스러운 결과를 얻을 수 있다. 이렇게 1분의 시간은 위력이 있다. 이 1분의 시간을 잘 활용한다면 순간순간의 판단에서 좋은 결과를 얻을 수 있다.

1분의 시간은 물리적으로 매우 작은 시간이다. 하지만 1분의 시간에 집중하면 순간의 결정이 좌우된다. 과거 수동펌프로 지하수를 끌어올리기 위해서는 반드시 한 바가지 정도의 물이 필요했다. 이 물을 마중물이라 부른다. 엄청난 양의 물이 지하에 있어도 한 바가지의 마중물이 없다면 지하에 있는 물은 그저 그림의 떡이다. 우리가 주목하는 1분은 바로 이 마중물의 역할을 한다. 1분의 시간에 집중함으로써 그 이후에 이어지는 많은 시간이 보다 큰 의미와 힘을 가질 수 있다. 첫 단추를 잘 꿰어야 그 이후의 단추들도 잘 꿰어지는 것을 기억하자. 1분은 모든 일의 마중물이자 첫 단추라는 사실을 꼭 기억하자.

FINDING HIDDEN TIME

—— Part 5 ——

15분
어떻게 사용할까?

15분, 짧지만
결코 짧지 않아요

다른 누구보다 15분 일찍 일어나고, 다른 누구보다 15분 일찍 출근하라.
매일 아침 가장 먼저 15분 동안 생각을 집중하면 삶의 모든 문제를 해결할 수 있다.
-크레이그 밸런타인

일상과 일생을 변화시키는 15분

우리는 1분 동안 할 수 있는 많은 일들을 살펴보았다. 하지만 1분의 시간이 매우 중요하지만 어떠한 일을 진득이 하기에는 무언가 부족함이 느껴진다. 일을 시작하기 전 워밍업의 시간으로 주로 1분을 사용한다. 이제 우리는 15분의 시간을 살펴볼 것이다. 15분은 1분과는 또 다른 차원의 시간이다.

15분 하면 어떠한 것이 떠오르는가?

매일 15분을 어떠한 것에 집중한다면 그 시간이 쌓여서 변화가 이루어질 수 있다. 그렇기 때문에 많은 자기계발서에서는 15분의 시간에 집중한다. 온라인 서점인 YES24에서 15분을 키워드로 책을 검색하면 약 165건이 검색된다. 《하루 15분, 기적의 영어습관》(전대건), 《하루 15분 책 읽어주기의 힘》(짐 트렐리즈), 《하루 15분 정리의 힘》(윤선현), 《하루 15분 나를 생각하라》(유소윤) 등 수많은 작가들이 하루 15분의 시간을 통해 다양한 목표에 달성할 수 있다고 주장한다. 많은 사람들이 하루 15분의 시간을 통해서 영어 실력을 키웠고, 많은 책을 읽었고, 스스로를 돌아본다.

하루 15분은 작은 시간이다. 하지만 그 15분의 하루가 한 달이 모이고, 일 년이 모이고, 십 년이 모였을 때는 하루 15분은 결코 작지 않은 시간이다. 15분을 통해 일상을 변화시키고, 그 일상이 모였을 때 일생이 변하게 되는 것이다. 15분은 집중력과 끈기의 시간이다. 15분은 나 자신과의 약속이며 내 인생을 변화시키기 위한 작은 노력의 시작이다.

미팅이 있어서 특정 장소로 이동한다. 도로 사정이 좋아서 약속시간보다 15분 먼저 도착했다. 당신은 이 시간 동안 무엇을 하는가? 혹시 멍하니 시간을 흘려보내지는 않는가? 스마트폰으로 카톡을 하거나 유튜브를 보고 있지는 않는가? 일과 일의 사이에 우연찮게 발생하는 15분을 단지 기다리는 시간으로만 생각해서는 너무 아깝다.

외출할 때마다 일거리를 몇 개쯤 가지고 나갔다가 10분이나 15분의 짬이 날 때 곧바로 카페에 가자. 그렇게 카페를 계속 이용하다 보면 시간의 밀도가 확실히 높아질 것이다. '어쩌다가 시간이 비었으니 카페에서 차나

마셔야겠다.' 이런 사고방식은 오늘 당장 버려야 한다. 그리고 카페를 일
과 공부의 격전장으로 삼자.

- 《15분이 쓸모 있어지는 카페 전략》, 사이토 다카시[29]

시간 관리와 공부법의 대가 사이토 다카시는 짬이 나는 15분에 주
목하고 이 시간을 결코 낭비하지 말아야 한다고 이야기한다. 하루의 15
분, 그냥 흘려보내지 말자. 이제 15분 동안 무엇을 해야 할지 찾아보자.
15분으로 우리의 인생은 변할 수 있다. 15분은 당신의 생각보다 길다.

15분을 느끼자

15분은 참 애매하다. 길다면 긴 시간이 될 수도 있고, 짧다면 한없
이 짧은 시간이 될 수도 있다. 러닝머신 위에서의 15분은 매우 긴 시간
으로 느껴질 것이다. 즐거운 게임을 할 때 15분은 언제 흘러갔는지 깨
닫지도 못하는 사이에 흘러가버리는 아주 짧은 시간으로 느껴질 것이
다. 15분을 조금 더 알차게 사용하기 위해서는 15분의 시간을 느끼고
신경을 써야 한다. 그럴 때 시간은 상대적으로 느리게 흘러가며, 또한
더 경계하며 시간을 사용할 수 있다.

사우나에 들어가 15분을 버틴다면 우리는 시시때때로 시간을 확
인할 것이다. 순간순간을 신경 쓰고 확인하는 것이 시간을 좀 더 길
게 느낄 수 있는 방법이다. 한창 드라마를 좋아할 시기에 나는 이러
한 방법을 본능적으로 사용했다. 일주일을 애타게 기다려서 맞이하는

드라마이기에 너무나 재밌게 집중해서 보면 어느새 한 시간이 지나가 버린다.

그렇기 때문에 나는 계속 시계를 확인했다. 조금 드라마를 보다가 시계를 보고, 잠깐 보다 시계를 쳐다보는 식으로 시간을 조금이나마 천천히 흐르도록 하기 위해 내 나름대로 노력을 했다. 시공간을 연구하는 인지심리학자 이치카와 마코토는 "신경을 많이 쓰면 시간이 길게 느껴진다"고 말한다.

드라마를 볼 때 TV에 몰입하고 시간의 흐름에 신경을 쓰지 않았기 때문에 시간이 빠르게 흘러간다고 느끼는 것이다. 15분을 느껴 보자. 매 순간에 신경을 쓰고 15분의 흐름을 느껴 보자. 결코 15분이 짧은 시간이 아니고 그 시간 동안 많은 것을 할 수 있음을 깨달을 수 있다. '15분 동안 해서 무슨 소용이 있겠어?' 하고 생각하기 이전에 우선 15분을 사용해서 하고자 하는 일에 도전해보자. 무심코 흘러가는 15분을 붙잡고 그 시간을 효과적으로 사용한다면 반드시 인생이 변하게 될 것이다.

성공하는 사람들은
15분의 비밀을 알고 있다

평범한 사람은 시간 보낼 일만 생각하고,
위대한 사람들은 시간 활용할 일을 생각한다.

세계적 교육자 칼 비테의 15분

칼 비테 주니어는 19세기 독일의 유명한 천재 학자이다. 그는 미숙아로 태어났으며, 저능아로 판정을 받았다. 하지만 그의 아버지 칼 비테는 자기 아들을 결코 포기하지 않았다. 칼 비테 주니어를 철저히 교육시켜 아홉 살에 6개 국어를 할 수 있도록 하였고, 열 살에 대학에 입학시켰고, 열여섯에 법학교수가 되게 했다.

이러한 칼 비테의 교육법은 세상의 큰 주목을 받았다. 철저한 원칙을 가지되 좋은 관계를 맺게 하고 스스로 생각하게 하며, 또한 진정한 행복을 누리게끔 만들어주는 것이 칼 비테 교육법의 핵심이다. 하지만 칼 비테는 결코 자신의 어린 아들에게 열심히 공부할 것을 강요하지 않았다. 대신 자연을 보게 하였고, 인생의 즐거움을 알길 원했다. 칼 비테는 자기의 아들이 15분을 넘겨서 공부하는 것을 원하지 않았다. 그 시간이 지나면 집중력이 떨어지고 피곤이 찾아오는 것을 익히 알고 있었기 때문이다.

19세기 독일에서도 부모들의 교육열은 대단했다. 7~8시간 공부하는 것을 예사로 생각했던 사람들이 많았다. 하지만 칼 비테는 자기 아들이 많은 시간을 공부하는 것보다 행복한 삶을 사는 것을 원했다. 그렇기 때문에 짧은 시간 15분이지만 집중해서 공부하도록 했고, 그 외에 시간은 인생의 즐거움을 깨닫도록 하였다.

칼 비테가 주목한 시간 15분. 이 시간은 자신의 아이가 공부하는 최소한의 시간이었다. 이 시간을 바탕으로 지식의 즐거움을 깨달은 칼 비테 주니어는 자신의 신체적 불리함에도 불구하고 위대한 학자가 될 수 있었다.

칼 비테는 어린아이에게는 공부든 독서든 15분이면 충분하다고 했습니다. 그 이상 책을 읽거나 공부를 하면 뇌가 피곤해지니까요. 칼 비테는 아들이 학문에만 시간을 쏟기보다는 인생의 즐거움도 알기를 바랐습니다.

- 《내 아이를 위한 칼 비테 교육법》, 이지성[30]

하버드의 15분

하버드대학교에 재학 중인 학생들은 시간을 철저히 관리해야만 극심한 경쟁에서 살아남을 수 있다. 세계에서 내로라하는 수재들이 모인 곳이기에 교수님들이 부여하는 학습량이 어마어마하다. 공부뿐만 아니라 동아리 활동 등 여러 활동 또한 감당해야 한다. 그렇기 때문에 교수님들도 학생들에게 시간 관리의 중요성에 대해 강조한다. 하버드에 입학하는 순간부터 시간 관리와의 싸움이 시작된다. 한정된 시간 안에서 맡겨진 일을 해내야 한다.

하버드대학교 학생들은 자투리 시간을 최대한 활용하면서 맡겨진 일들을 감당한다. 매일매일 치열하게 살아가고, 맡겨진 학습량을 잘 소화하기 때문에 하버드 졸업생들은 미국 사회를 뛰어 넘어 세계의 리더로 우뚝 선다. 미국 대통령 중 6명이 하버드 출신이고, 마이크로 소프트의 빌게이츠도 비록 중퇴이지만 하버드대학교의 교육을 경험했다. 단 15분이라도 소중히 여기고 그 시간에 할 수 있는 것을 감당하는 이들이 정상의 자리에 서는 것이다.

하버드에는 1,000개가 넘는 강의가 있고 100가지 이상의 과외 활동이 있다. 그래서 하버드 1학년생들에게 가장 중요한 일은 시간을 관리하는 법을 익히는 것이다. 꼭 해야 하는 일과 하고 싶은 일을 어떻게 균형 있게 안배할 것인지를 배워야 한다.(중략) 가장 시급한 과제는 책을 읽고 과제물을 해 내는 데 얼마만큼의 시간이 드는 가를 알아내서 시간 관리 방법을 익히는 것이다. 일단 공부에 필요한 시간의 견적이 나와야 다른 활동들을 거기에 맞춰 조절할 수 있기 때문이다.

– 《하버드 스타일》, 강인선[31]

비단 하버드대학교 뿐만 아니라 우리나라 대학생들도 그들처럼 치열하게 학교 생활을 하며 취업전선에 뛰어들 준비를 한다. 늘 취업난이라는 걱정 어린 기사가 뉴스와 신문을 뒤덮는다. 그렇기 때문에 15분의 시간, 짧지만 중간 중간 생기는 시간을 잘 활용해야 한다. 대학생들은 중고등학생이나 직장인들보다 시간을 좀 더 자유롭게 사용할 수 있는 기회가 주어진다. 그러니 다른 이들보다 더 철저히 시간을 관리하며 사용해야 한다.

우리가 생각하기에 시간이 많은 사람, 덜 바쁜 사람이 마음만 먹으면 시간을 잘 사용할 것 같다. 하지만 현실은 정반대이다. 우리 주변을 돌아보면 오히려 시간을 분단위로 쪼개 쓸 정도로 바쁘게 사는 사람들이 시간을 효과적으로 더 잘 사용한다. 조찬모임을 하는 사람들은 여유가 많은 사람들이 결코 아니다. 회사 경영자, 대표 등 시간을 더 이상 낼 수 없는 사람들이 새벽의 시간을 활용하기 위해 아침 시간에 모여 강의를 듣고 책을 읽는다.

존스홉킨스대학의 설립자 윌리엄 오슬러는 하루 15분씩 책을 읽는데 시간을 투자해서 평생 동안 1천 권의 책 읽기를 달성한다. 눈코 뜰 새 없이 바쁜 사람들이 오히려 시간을 더 잘 활용한다. 그리고 그렇게 쌓인 시간은 놀랍게 인생을 바꾼다. 성공한 사람들은 이미 15분의 중요성을 깨닫고 그 시간을 활용하기 위해 치열하게 노력한다. 성공한 자리에 서고 싶은가? 15분의 중요성을 인지하고 그 시간 동안 나를 발전시킬 무언가를 해야 한다.

감사의 마음을
전해보자

중대한 일에 적은 시간을 들이면 안 되는 만큼
사소한 일에 많은 시간을 들이면 안 된다.
- 짐 론

감사의 마음 표현하기

세상을 살아가면서 감사한 마음을 느끼는 경우가 많이 있다. 작게는 사소한 일부터, 큰 은혜까지 수많은 감사의 제목들이 있다. 당신은 살아가면서 감사의 마음을 얼마나 표현하고 사는가? '나는 감사해야 하는 상황이 없는데?'라는 의문이 들었다면 감사의 대상이 너무나 많다는 것을 먼저 인식해야 한다.

가족들은 너무나 당연한 감사의 대상이다. 내 경우 사랑하는 아내와 딸, 양가 부모님들로부터 받는 많은 사랑과 지지에 항상 감사를 표한다. 가족들 이외에도 무심코 지나치는 우리의 일상 가운데서 감사를 표현해야 할 대상이 많이 있다.

새벽부터 나와서 버스를 운전해주시는 분이 계시지 않으면 나는 사무실에 출근하기가 어렵다. 청소해주시는 분들로 인해서 깨끗한 환경을 누릴 수 있고, 밤새 경비 활동으로 지켜주시는 분들 덕분에 편안히 쉴 수 있다. 또한 택배기사님들 덕분에 내가 산 물건을 집에서 편안하게 받을 수 있다.

오랜 옛날 자급자족의 시대에서는 자신이 필요한 것은 자신이 만들어 소비하였기에 남의 도움이 크게 필요하지 않았을 수도 있었다. 하지만 철저한 분업화로 타인의 도움 없이는 하루도 살아갈 수 없는 이 시대에서 감사의 마음까지 사라진다면 너무나 삭막한 세상이 된다.

나는 버스에 탈 때마다 늘 기사님께 인사를 한다. "안녕하세요!" 인사하며 내가 가진 감사의 마음을 조금이나마 표현하려 노력한다. 사무실에서 청소해주시는 분들을 뵈어도 늘 인사하고 감사의 마음을 표현한다. '그분들도 월급을 받으면서 하시는 일인데 뭐 하러 굳이 감사를 표현해야 하느냐?'는 반론이 있을 수도 있다.

그러나 아무리 월급을 받으면서 일하는 상황이라도 그분들의 헌신적인 도움이 나만을 위한 것은 아니다. 그렇기 때문에 당연한 것이 아니며 감사한 마음을 표현해야 한다. 또한 감사는 남을 위해 하는 부분도 있지만 결국은 나를 위해 한다. 감사를 표현하면서 내 마음가짐을 다잡고 내 삶을 돌아볼 기회를 얻을 수 있다. 감사의 말과 감사의 마음을 늘 품고 살 때 삶은 더 풍요로워지고, 더 넓은 관점으로 나와 주변의 삶을 바라볼 수 있다.

감사 표현 방법

감사를 표현해야 한다는 마음이 들었다면 이제는 방법이다. 감사를 표현하는 방법은 여러 가지가 있을 수 있다. 직접적으로는 감사의 대상에게 '감사합니다'라고 이야기하는 방법이다. 가장 쉽고 직관적이며 말하는 사람이나 듣는 사람이나 모두 명쾌하게 그 의미를 이해할 수 있다. 직접 말하기 좀 쑥스럽거나, 특별한 날의 경우에는 손편지를 이용하는 방법이 있다. 컴퓨터, 핸드폰이 보편화되면서 메시지, 카톡을 이용한 감사 표현은 늘어났지만 손편지는 부쩍 줄었다. 손편지를 쓰는 사람이 줄어든 만큼 손편지의 가치는 올라갔다.

나는 주변에서 내 아내처럼 손편지를 많이 쓰고, 즐겨 쓰는 사람을 본 적이 없다. 내 아내는 감사의 마음을 자그마한 손편지에 예쁜 글씨로 써서 표현하는 것에 매우 익숙하다. 그리고 본인이 그것을 무척이나 좋아한다. 아내와 연애를 시작하고부터는 꽤 많은 손편지를 받았다. 그래서 나도 덩달아 손편지로 감사의 마음, 격려의 말, 사랑의 말을 전하기 시작했다. 말로 하는 것보다, 간단한 메시지로 하는 것보다 훨씬 더 풍성하게 표현할 수 있었다. 이제는 나뿐만 아니라 우리 부모님도 편지로 감사와 축하의 마음을 전한다. 아내로 인해 나와 부모님이 손편지로 감사의 마음을 표현하는 기쁨을 알았고 실천하고 있다.

일전에 아내가 여행 중에 보내준 감사편지를 소개한다.

사랑하는 남편에게

도쿄 여행 둘째 날, 늘어지게 늦잠 자고 점심때가 다 되어 호텔에서 나와 지브리 스튜디오를 다녀온 뒤 잠시 카페에서 쉬고 있어요. 비가 흩뿌리는 우중충한 날씨이지만 운치있고 분위기가 좋아 여유를 즐기는 중이에요. 당신의 전폭적인 지원 덕분에 이렇게 친구와 힐링 여행을 하고 있네요. 감사해요. 깨지 않고 자는 밤잠이 매우 반갑지만 양 옆에 코골며 자는 큰 지원과 미니지원이 없는 건 정말 허전하네요. 반가운 밤잠 두 번만 더 자고 내 자리로 돌아갈게요. 미니지원 좀 더 크면 같이 와요. 서울이랑 비슷하다고들 했는데 그렇지 않아요. 매력적인 도쿄를 만나고 있어서 함께하고 싶어요. 늘 고맙고 사랑해요.

감사편지는 큰 위력이 있다. 감사편지를 통해 막연하기만 했던 감사의 마음이 실체가 되고 상대방에게 그 마음이 전해진다. 지금 머릿속에 감사를 표현해야 할 사람이 떠올랐는가? 바로 문구점으로 가서 조그마한 카드를 하나 구입하자. 그리고 감사의 마음을 정성스럽게 카드에 적자. 글씨의 예쁨과는 상관없다. 사랑과 감사의 마음을 듬뿍 담아 적어 보자.

나 또한 글씨를 예쁘게 쓰지 못한다. 하지만 예쁘지 않은 글씨보다는 그 안에 담긴 정성을 사람들은 봐준다. 그렇게 쓴 카드를 직접 전달하거나 우편으로 보내면 받는 사람 또한 따뜻한 시간을 보낼 수 있을 것이다. 지금 당장 감사하자. 그리고 그 마음을 표현해보자.

나를
먼저 챙겨 보자

마음을 가라앉혀라 그러면 영혼이 말을 할 것이다.
- 마자야 사티

삶을 돌아볼 수 있는 여유

바쁜 현대인들은 눈앞에 보이는 목표를 향해서 계속해서 달려 나간다. 기술 발전으로 인해 주위를 둘러볼 여유 없이 오직 앞만 보고 달려 나간다. 이러한 상황에서 바쁜 현대인들을 위해 병원, 피트니스 센터 등에서는 짧은 시간에 목적을 이루는 프로그램이 성행하고 있다. 열심히 산다는 말로 위로해보지만 목표를 향해 달려 나가는 현대인의 마음 가운데는 왠지 모를 허전함이 가득하다.

과천 경마공원에 가면 경주마들을 볼 수 있다. 경주마들은 매 주말 시합에서 이기기 위해 열심히 달리고 경마를 보러 온 사람들은 자신이 돈을 건 경주마가 이기기를 간절히 바라며 목청껏 응원한다. 경주마들은 오직 결승선만 바라볼 수 있도록 눈가리개를 한다. 목표만을 바라보게끔 눈가리개를 하고 달리는 경주마들은 옆을 돌아볼 수가 없다. 경주마들은 앞을 향해 누구보다 빨리 달려 나간다. 우리의 삶이 경주마처럼 옆을 돌아보지 않고 앞만 보고 달려 나가는 삶을 살고 있는 것은 아닌지 생각해봐야 한다.

본인이 선택했든 주어진 삶이든 우리의 눈에도 경주마에게 씌워 놓은 눈가리개가 씌워져 있지는 않은지 살펴보자. 홀로 살아갈 수 없는 세상에서 주위 사람들을 돌아볼 여유가 필요하다. 그리고 내가 지금 잘 나아가고 있는지 돌아볼 시간이 필요하다. 매일매일 하루의 삶을 돌아볼 여력 없이 미래만을 바라보면서 달려 나가고 있지는 않은가.

쉼 없이 달려가다 보면 정작 중요한 것을 놓칠 수 있다. 나를 사랑해 주는 사람들, 내가 사랑하는 사람들, 그리고 삶의 목표가 아닌 그 외의 것들을 잠깐 여유를 가지고 돌아보자. 짧은 시간이지만 한 번씩 잘 달려가고 있는지, 잘 살아가고 있는지 삶을 돌아볼 수 있는 여유가 필요하다.

이 시간을 통해 다시 한 번 나를 추스를 수 있게 되고 주변 사람들을 챙길 수 있게 된다. 삶을 돌아보는 시간은 바쁜 현실 가운데서 오랜 시간을 할애할 수 없다. 그렇기 때문에 하루 15분이면 적당하다. 하루를 정리하기 위해서 저녁 시간도 좋고, 고요한 아침의 시간을 사용하는 것도 적절하다.

일기 쓰는 시간 15분

대부분의 사람들은 어렸을 때 일기를 썼다. 나 또한 초등학생 시절 매일 일기를 써서 선생님께 검사를 받았다. 일기 내용에 대해서 선생님이 빨간 펜을 사용해서 소위 댓글을 달아주시기도 했고, 그 내용을 토대로 상담을 해주시기도 했다. 방학숙제 중에서도 일기는 가장 큰 숙제였다. 매일매일 써야 하지만 방학이 끝날 즈음 몰아서 일기를 썼던 기억도 있다. 하지만 일기에 대한 진정한 가치를 알지 못했기 때문에 일기에 대한 강제성이 사라진 중학교 무렵부터는 일기를 쓰지 않았다.

대부분 현대를 살아가는 직장인들은 이와 비슷한 상황을 겪었을 것이다. 부담으로만 다가왔던 일기에 대해서 좋지 못한 인상을 가지고 있는 것도 사실이다. 현재 출판되고 있는 일기에 관한 책들 역시 일기 자체에 대한 효용에 집중하기 보다는 일기를 통해서 영어 실력을 늘리는 방법 등 일기를 수단으로 생각하는 경우가 많다.

하지만 일기는 모든 사람이 경험했고 마음만 먹으면 쉽게 접근할 수 있는 것에 비해 그렇게 쉬운 가치를 지닌 것은 아니다. 하루의 시간을 돌아보면서 스스로를 위로하고 격려할 수 있는 시간이다. 일기를 통해 인생의 나아가는 방향을 점검하고 설정할 수 있다.

하루를 돌아보는 것은 개인적인 시간이다. 그저 하루를 돌아보며 잘 살았다고 위로하며 지나갈 수도 있다. 하지만 일기를 쓰는 순간 개인적인 시간은 단지 개인적인 차원에서 공식적인 차원으로 변화하게 된다. 그 개인적인 시간을 기록으로 남겨둔다면 역사가 될 수 있다. 글을 쓰면서 막연했던 내 생각이 정리되기도 하고, 그 기록을 나중에 찾아 읽으면서 당시의 느낌을 되살려 볼 수도 있다. 우연찮게 몇 년 전에 썼던 일기를 책꽂이에서 찾아 읽을 때면 마치 그때로 돌아간 듯 추억에 잠기기도 한다.

1592년 우리나라를 일본이 침략하면서 임진왜란이 일어나게 된다. 우리는 그 당시 치열했던 해상 전투의 상황을 이순신 장군의《난중일기》를 통해서 알 수 있다.《난중일기》를 쓸 당시에는 이순신 장군의 개인적인 고뇌와 전쟁의 상황을 담담히 기록해 놓았던 개인의 일기이다. 하지만 시간이 지난 현대의 관점에서《난중일기》는 이순신 장군 개인적인 차원을 넘어 임진왜란 전체 상황을 기록한 전쟁 사료이며 조선 후기의 시대를 추측할 수 있는 귀중한 역사서이다.

《안네의 일기》는 독일 출신의 유대인 소녀 안네 프랑크가 나치의 박해를 피해 은신처에서 생활하는 동안 사춘기 소녀의 관점에서 작성한 일기이다. 이 또한 안네 프랑크의 개인적인 상황을 기록하였지만 시간이 지나서 세상에 알려졌을 때는 단순한 개인적 상황을 넘어 제2차 세계대전 중 일상 생활을 엿볼 수 있는 귀한 사료가 되었다. 이처럼 개인적인 차원에서 일기를 쓰지만 그 기록은 역사적 사료로 사용될 수도 있다. 물론 역사적 사료로 사용되지 않더라도 개인적으로 삶의 귀한 기록이 될 수 있다.

명상의 시간 15분

명상은 과거 수도사들이 수행을 할 때 주로 하던 내면의식이다. 과거에는 도를 터득하기 위해 명상이 주로 사용되었다면 현대 사회에서 명상은 스트레스 관리, 심리 치료 등을 위해 주로 사용된다. 많은 부분이 자동화된 사회로 발전을 이루었지만, 과거의 방식이라고 생각되는 명상이 아직도 추천되고 있는 이유는 사람의 내면을 돌아보고 돌보는 일은 다른 어느 것으로 대체할 수 없기 때문이다.

현대 사회에 들어 급격히 증가하고 있는 질환 중 하나가 우울증이다. 우울증은 마음의 감기라고 불릴 정도로 정신질환 중에서는 아주 흔한 질병이 되었다. 우울증의 원인은 다양한데 스트레스로 인한 우울증이 주를 이룬다. 만성 스트레스 사회에서 늘 스트레스를 받지만 이 스트레스를 잘 배출해내지 못하고 마음속에 쌓아둘 때 우울증에 쉽게 걸린다. 하루 15분 명상의 시간을 통해서 마음속의 스트레스를 다스리고 관리함으로 마음의 건강을 지켜야 한다.

신체의 건강은 운동을 통해서 지켜야 한다. 마음의 건강은 비록 바쁜 생활이지만 잠시 모든 것을 내려놓고 내 자신을 돌아보고 마음을 돌아보는 시간을 통해 지킬 수 있다. 결국 명상의 시간은 마음의 운동 시간이라고 생각해도 무방하다. 종교가 있다면 종교에서 행하는 의식을 통해서 마음의 안정을 갖는 것도 좋다. 나는 기독교인으로서 기도의 시간과 묵상의 시간을 통해 마음의 안정을 얻는다.

세계적으로 성공한 사람들은 공통적으로 명상을 통해 자신을 돌아보는 시간을 갖는다. 이 시대 가장 성공한 사람들을 인터뷰하고 그들의 성공비결을 찾아내 정리한 팀패리스의 《타이탄의 도구들》에는 명상의 시간을 디로딩타임Deloading Time이라고 지칭한다[32]. 너무나 바쁜 사람들이지만 자신을 위해서 명상의 시간, 즉 디로딩타임을 의도적으로 확보하려 노력한다. 우리도 이러한 명상의 시간을 확보해야 한다.

명상의 방법적인 측면은 다양할 수 있다. 어떠한 방법이든 상관없다. 아침이든 저녁이든 이 또한 큰 문제는 아니다. 중요한 것은 그 시간을 확보하고 온전히 나를 돌아보는데 사용하는 것이다. 짧은 시간이지만 잠시 동안 마음을 다스리고 돌아보는 침묵의 시간이 필요하다. 이 시간을 통해 지쳐 있는 마음에 안식을 주고 새로운 힘을 불어넣어야 한다.

세상을
바꾸는 시간, 15분

> 긍정적인 시각을 가져라. 비관주의자는 기회가 와도 고난을 본다.
> 낙관주의자는 고난이 와도 기회를 본다.
> -윈스턴 처칠

한국형 TED, 세바시

1984년 미국, 리처드 솔 워먼에 의해 지식 경험 공유체계인 TED가 시작되었다. TED는 기술Technology, 엔터테인먼트Entertainment, 디자인Design이라는 뜻으로 멋진 강연을 제공한다. 18분 안에 짧은 시간 동안 관객의 이목을 집중시키고 자신의 삶에서 얻은 이야기를 나누는 방식은 엄청난 반향을 일으켰다. '널리 퍼져야 할 아이디어'를 모토로 정기적으로 강의를 제공하며 미국뿐만 아니라 유럽, 아시아 등으로 그 영역을 넓혀가고 있다.

2011년 대한민국에서도 TED를 모티브로 하는 새로운 강연 프로그램인 '세상을 바꾸는 시간 15분(세바시)'이 제작되었다. 국내 각 분야의 전문가들을 강연자로 초청해서 약 15분간의 강의를 통해 삶의 변화를 유도한다. 소통, 공감, 힐링, 실생활의 유용한 내용들을 주제로 전달되는 강연은 짧지만 유용한 내용들을 가득 채워 청중들과 시청자들에게 전달된다.

15분의 짧은 시간이지만 강연자가 살아오며 느끼고 경험한 것들을 임팩트 있게 전달하면서 그 15분의 가치는 놀랍게 달라진다. 삶에서 그저 그렇게 흘러갈 수 있는 짧은 시간 15분이 세바시 강연을 거치면 가치 있고 소중한 시간으로 변한다.

여러분은 15분이란 시간을 어떻게 사용하고 계십니까? 복잡한 도심, 한 번 놓친 버스를 다시 기다리느라 15분을 보낼 때도 있습니다. 어떤 때는 출출한 늦은 밤에 라면을 하나 끓여먹는 시간으로 보낼 수도 있습니다. 또 어떤 때는 15분은 빈둥거리며 잡지를 뒤적이는 시간일 수도 있습니다. 여기 여러분이 가장 소중하고 보람 있게 15분을 보낼 수 있는 방법을 제안합니다. 바로 '세상을 바꾸는 시간, 15분'과 함께하는 것입니다.

– 《세상을 바꾸는 시간, 15분》, 홈페이지 프로그램 안내[33]

세바시를 처음으로 시작한 구범준 PD는 세바시를 통해 인생이 바뀐 장본인이다. 세바시를 연출하면서 누구보다도 많이 세바시 강연을 들었다. 그는 방송사 직원에서 지금은 (주)세상을 바꾸는 시간 15분의 대표로 일하며 더 좋은 강연 프로그램을 만들기 위해 노력하고 있다. 단

15분의 투자로 우리의 인생도 변할 수 있다. 자신만의 노하우로 인생이 바뀐 수많은 사람들의 이야기를 들으며 자극받고 도전받을 때 우리 또한 그들의 인생처럼 새롭게 시작할 수 있다.

내 손 안의 멘토

'현명하고 신뢰할 수 있는 상담 상대, 스승, 선생' 멘토의 사전적 의미이다. 멘토가 스승의 위치라면 학생의 위치에 있는 사람을 멘티라 부른다. 우리 사회에 멘토링이 만연해 있다. 많은 사람이 스스로가 멘토임을 자처한다. 정보의 홍수 시대를 살아가면서 정확하고 효과적인 정보를 취사선택하는 것도 버거운데, 이제는 멘토의 홍수 시대이다.

누구에게 어떠한 정보를 얻어야 할지 너무 많지만 내 상황에 적합한 멘토를 찾기가 힘이 든다. 자신이 최고의 멘토이며 멘토링의 달인이라고 홍보하지만 직접 멘토링을 받아 보는 방법 이외에 검증할 수 있는 방법은 없다. 더군다나 수많은 멘토 가운데는 사기꾼들도 숨어 있다. 멘티의 절박한 심정을 악용해서 금전적 이익을 취하려하는 나쁜 멘토들도 많다.

멘토의 홍수 가운데서 나와 딱 맞는 멘토를 찾았다 하더라도 그 사람을 만나 멘토링을 진행하기란 쉽지 않다. 주위의 인물이라면 스케줄 조정을 통해 가능할 수도 있지만 유명인이라면 만나는 것 자체가 불가능하다. 세바시를 통해서 이러한 단점들을 극복할 수 있다.

세바시에는 유명인부터 한 분야에 정통한 전문가, 마음을 만지는 소통전문가까지 많은 사람들이 진심을 담아 자신의 이야기를 나눈다. 세바시를 통해 내 상황에 적합한 강의를 선택하고 그 사람의 이야기를 통해 내 마음과 삶이 변화된다면 바로 그 사람이 내 멘토가 된다. 스마트 기기의 발전으로 인해 멘토의 주옥같은 이야기를 시간적, 공간적 제약 없이 들을 수 있다. 멘토들이 내 손 안으로 찾아왔다. 이제 내가 누구를 멘토로 삼을 지를 강의를 통해 고르는 일만 남았다.

재미있게 듣고
치열하게 실천하라

나는 주로 운동을 할 때 세바시를 듣는다. 자전거 운동기구 위에서 스마트폰을 놓고 이어폰으로 새로운 멘토의 열정적인 강연을 듣는다. 그날그날 기분에 따라, 혹은 듣고 싶은 주제에 따라 멘토를 선정하고 그분의 이야기에 푹 빠진다. 세바시의 가장 중요한 특징은 15분 안에 모든 이야기의 기승전결이 다 끝난다는 것이다. 짧은 시간 동안 강연자는 청중을 자신의 이야기에 귀 기울일 수 있도록 해야 하고 핵심 메시지를 전해야 하며 행동 변화를 촉구해야 한다.

그렇기 때문에 세바시의 강의는 쉽고 재미있다. 쉽고 재미있지만 그 안에 놀라운 임팩트가 있다. 가벼운 듯하지만 결코 가볍지 않은 내용을 다루고 있다. 강의를 들으면 내 삶을 돌아보게 되고 강연자의 삶을 표본으로 닮아가고 싶다는 생각이 든다. 강의를 듣고 그냥 끝나면 그저 재미있는 이야기를 한 편 들었다는데 만족을 해야 한다.

하지만 강의를 듣고 멘토가 고민했던 질문을 내 질문으로 만들어 함께 고민해보고, 멘토가 느낀 것을 함께 느껴 본다면 강의는 강의로 끝나지 않고 좋은 멘토링으로 이어질 것이다. 재미있게 강의를 듣되 그 강의를 토대로 치열하게 우리의 삶 가운데서 고민하고 실천해야 한다.

내 생각,
논리적으로 전달할 수 있어

최하위 직급에서 한 단계 오른 후부터 당신은 말과 글을 통해
다른 사람과 소통하는 능력이 평가된다.
-피터 드러커

발표의 중요성

취업포털 잡코리아의 설문 조사 '프레젠테이션과 직장 생활'에서 직장인들 2명 중 1명은 프레젠테이션의 중요성을 인식하고 있으며 발표를 잘해야 승진과 연봉 협상에 유리하다고 응답하였다.

프레젠테이션은 우리의 직장 생활 가운데 깊숙이 자리 잡고 있다. 아무리 많은 것을 알고 있어도 아는 만큼 표현을 못하는 사람보다 자신이 아는 내용을 조리 있게 잘 전달하는 사람이 평가에서 좋은 결과를 얻을 수 있다. 머릿속으로는 모든 것을 알고 있고, 너무나 창의적인 아이디어를 제시하는 직원이 있다고 가정하자. 하지만 그것을 표현하

지 못하면 좋은 평가를 받을 수 없다. 특히 현대의 직장 생활에서 발표 능력은, 곧 그 사람의 능력이 된다.

모든 업무의 과정 가운데 성과를 설명하고 상사를 설득하기 위해 반드시 보고 혹은 발표의 과정이 필요하다. 시간이 흐를수록 프레젠테이션의 중요성은 더 부각되고 있다. 우후죽순처럼 생기고 있는 스피치 학원, 프레젠테이션 학원의 증가세를 보면 그 추세가 더 명확하다. 과거에는 아나운서 준비생들만 스피치 학원을 찾았다.

하지만 지금은 일반인들도 스피치 학원을 많이 찾고 있다. PT 잘하는 법, 말 잘하는 법, 발표에 맞는 목소리 내는 법 등 직장인들을 위한 강의는 물론 취업준비생들을 위한 면접강의 등도 큰 인기를 얻고 있다. 수요가 있는 곳에 공급이 생기는 법이다. 그만큼 업무나 일상 생활을 하는 도중 프레젠테이션에 대한 수요가 높기 때문에 이렇게 학원들이 성행하고 있다.

발표 능력은 결코 특정한 몇몇만 가져야 하는 것이 아니다. 모든 직장인, 모든 학생이 자신의 생각을 상대방에게 정확히 전달할 수 있어야 한다. 현대 사회에서 발표 능력은 생존을 위한 필수조건이다.

15분 발표

발표는 15분 내외가 적당하다. 발표가 너무 길어지면 강의가 되어버리고, 청중들 입장에서도 지루함을 느끼게 된다. 발표가 너무 짧으면 내용이 명확히 전달되지 않을 수 있다.

박규상, 우석진 작가는 《15분 발표심리》에서 다수의 발표가 시간을 15분 이내로 설정하고 있는 것은 현대인들의 시간 소비심리에 기인한다고 말한다.[34]. 발표자가 발표를 통해서 청중을 설득하려 노력하고, 청중은 그 내용에 대해서 진정으로 공감하는데 필요한 적정한 시간이 15분이라고 발표자와 청중이 모두 동의 한다는 것이다.

나 또한 발표한 경험, 발표를 들어본 경험에 비춰볼 때 시간적인 부분은 15분이 가장 적정하다고 생각한다. 대학 시절 다양한 수업을 들으며 다양한 발표를 하였다. 각 수업에서 필요한 과제를 부여받고 그 내용에 대해 공부하고 발표를 하는데 제한시간이 수업마다 다양했다. 5분부터 30분까지 주어진 다양한 시간에 맞춰 해당 내용을 정리하고 발표를 하였다.

5분이나 10분은 준비한 내용을 설명하는데 급급해 청중과 충분한 공감을 나눌 시간이 부족했다. 30분은 긴 시간으로 인해 청중은 물론 발표자 또한 긴장감이 풀리고 말았다. 다양한 시도와 경험을 통해 사람들은 본능적으로 그리고 합리적으로 생각을 전달하고 그 생각에 공감하는 가장 적정한 시간은 15분이라고 생각한다.

프레젠테이션은 단순히 ppt파일을 띄워놓고 적어온 것을 줄줄 읽어나가는 시간이 아니다. 15분의 결코 길지 않은 시간 동안 상대를 설득해야 하는 고도의 심리작전이다. 15분의 프레젠테이션은 감동의 드라마가 되어야 하고, 모든 것이 치밀하게 계산되어 있는 상태에서 진행이 되어야 한다.

그래서 프레젠테이션이 끝났을 때 청중은 내 이야기에 공감하고 마음 깊숙한 곳에서부터의 동의가 일어나야 한다. TV에서 자주 보이는 CF도 15초간 구매자의 마음을 사로잡기 위한 한 편의 프레젠테이션이고, 홈쇼핑의 쇼 호스트도 짧은 시간 동안 물건을 소비자에게 팔기 위한 설득자로 등장한다.

프레젠테이션의 혁신을 일으킨 사람으로 스티브 잡스를 꼽을 수 있다. 스티브 잡스는 세계 최고의 프레젠테이션 전문가이다. 그는 직접 프레젠테이션 무대에 서서 애플이 개발한 새로운 물건들을 청중들에게 소개하고 홍보했다.

애플의 놀라운 기술력과 창의성이 결합된 상품들도 이목을 집중시키고 큰 반향을 불러일으켰지만, 그 중심에는 스티브 잡스의 엄청난 프레젠테이션 능력이 있었다. 애플의 놀라운 상품을 더욱 놀랍게 소개하는 스티브 잡스의 프레젠테이션은 한동안 청중들의 큰 사랑을 받았다. 때로는 광고 카피처럼, 때로는 어린아이의 순수함으로, 때로는 전혀 생각지도 못한 새로운 것으로 스티브 잡스는 프레젠테이션을 진행했다. 스티브 잡스는 소개하려는 제품을 청중들이 가장 명확하게 이해할 수 있는 짧은 단 하나의 문장으로 정의한다.

세상에서 가장 얇은 노트북 - 맥북 에어

휴대전화를 재 발명했다. - 아이폰

1,000곡의 노래를 호주머니에 - 아이팟

이러한 과정을 통해 청중은 스티브 잡스가 이야기하고 싶은 것에 대한 구체적인 이미지를 그릴 수 있게 된다. 우리에게 주어진 프레젠테이션 시간은 결코 길지 않다. 15분이 넘어가면 청중들의 집중도는 현저하게 떨어진다. 내가 전달하고 싶은 것에 대한 구체적인 이미지를 단 한 문장으로 표현해서 각인시킬 수 있다면 성공적인 프레젠테이션이 될 수 있다. 스티브 잡스는 또한 진행될 프레젠테이션에 대해 명확한 길잡이를 제시한다.

오늘 우리는 혁신적인 제품 세 가지를 소개하려고 합니다.

– 스티브 잡스

프레젠테이션에서 이야기할 주제의 범주에 대해서 먼저 이야기하면서 그것을 하나하나 공개한다. 청중들은 그 세 가지에 대한 궁금증을 가지며 스티브 잡스의 프레젠테이션에 서서히 빠져든다. 이러한 범주를 미리 이야기하는 것은 청중들에게 네비게이션을 보여주는 것과 유사하다. 발표자의 이야기에 더 몰입해서 따라갈 수 있고, 앞으로 나올 이야기에 대한 기대감을 가질 수 있다.

3의 마법

곰 세 마리가 한집에 있어, 아빠 곰 엄마 곰 아기 곰.
아빠 곰은 뚱뚱해, 엄마 곰은 날씬해, 아기 곰은 너무 귀여워 으쓱으쓱 잘한다.

우리 딸아이가 좋아하는 동요이다. 왜 하필 곰은 두 마리도, 네 마리도 아닌 세 마리일까. 하루에 밥은 세끼를 먹는다. 논리적인 구조는 주로 '서론, 본론, 결론'의 3부로 이루어진다.

하버드대학교 심리학과 스탠리 밀그램 교수는 '제 3의 법칙'이라는 사회 심리학 연구를 통해 3이라는 숫자에 대한 비밀을 찾아낸다. 한두 사람이 어떤 행동을 하는 것에 대해 사람들은 큰 관심이 없다. 하지만 세 번째 사람이 그 행동을 하는 순간 많은 사람들은 그 행동에 동조한다.

길을 걷던 한 사람, 하늘을 가리킨다. 지나가는 사람들은 아무도 신경을 쓰지 않는다. 두 번째 사람이 하늘을 가리킨다. 역시 사람들은 관심이 없다. 하지만 세 번째 사람이 하늘을 가리키자 길을 걷던 사람들은 걸음을 멈추고 아무것도 없는 하늘을 바라보게 되는 것이다.

스티브 잡스는 이러한 3의 마법을 잘 파악하고 있었다. 그렇기 때문에 대부분의 프레젠테이션은 3부로 구성하고, 그 범주를 프레젠테이션 시작에 제시한다. 3부 구성을 통해 더 극적인 상황을 연출하고 프레젠테이션을 체계적으로 만든다.

변화에 대해서 이야기해봅시다. 맥은 지금까지 두 번의 중요한 변화를 겪었습니다. 첫번째는 68K에서 파워 PC로 전환한 것입니다. 이 변화는 지금으로부터 약 10년 전인 1990년대 중반에 일어났습니다. (중략) 파워 PC는 그 변화 이후 10년간 애플의 큰 자산이었습니다. 그 결정은 좋은 판단이었습니다. 두 번째 변화는 더 놀라운 것이었습니다. 바로 몇 년 전에 완료한 OS 9에서 OS X로의 전환입니다. 이것은 뇌 이식과 같습니다.(중략) 오늘 우리는 세 번째 전환을 시작하려 합니다. 우리는 여러분들을 위한 최고의 컴퓨터를 계속 만들고 싶습니다.(중략) 그래서 우리는 세 번째 전환으로 파워PC에서 인텔 프로세서로 전환하기로 결정했습니다.

- 세계 개발자 회의(2005.6.6.), Youtube, "Apple WWDC 2005-The Intel Switch Revealed"[35]

이러한 3부 구성을 통해 청중에게 프레젠테이션의 방향을 제시할 수 있고, 극적인 분위기를 연출할 수 있다. 프레젠테이션을 준비할 때 3부 구성을 시도해보자. 3부 구성은 막연했던 프레젠테이션에 틀을 잡아줄 것이다. 내가 하고 싶은 이야기를 조금 더 체계적으로 전달할 수 있게 도와줄 것이다.

조금만 건강에
신경을 쓰자

쉬지 못하는 직장인

우리는 일중독의 사회에서 살고 있다. 정부 정책으로 일과 가정의 양립을 외치고 있지만 현장에서 체감하는 분위기는 냉랭하다. 통계청에서 발표한 '2017 일·가정 양립지표'에 따르면 직장인의 평균 휴가 사용일수는 단 5.9일에 불과하다.[36] 일 년에 단 일주일도 휴가를 사용하지 못하는 것이다.

사람은 기계가 아니기 때문에 일한 다음에는 반드시 쉬어야 한다. 그래야 능률과 효율이 오른다. 하지만 지금의 사회구조는 일하는 것은 강조하지만 쉬는 것에는 매우 인색하다. 대기업의 경우 명절 전후나

샌드위치 근무일 때, 전사적으로 휴가를 장려하고 의무적으로 쉬도록 하는 경우도 있다. 규모가 작은 회사일수록 이마저도 녹록치 않은 상황이다. 이렇게 일하는 것 대비 휴식이 보장되지 않으면 결국 지치게 되고 쓰러질 수밖에 없다.

사람은 쉬어야 하고, 쉼을 통해 새 힘을 얻어야 한다. 이와는 별도로 쉬기는 쉬는데 어떻게 쉬어야 하는지 몰라 잘 쉬지 못하는 사람도 있다. 쉬지 못하는 사람들에게는 복에 겨운 고민이라고 핀잔을 들을 수도 있다. 하지만 쉴 때는 잘 쉬어야 한다. 휴가를 내고 회사를 가지 않아서 몸은 침대에, 혹은 휴가지에 누워 있지만 머릿속에 업무관련 고민으로 가득 차 있다면 그것 또한 바람직한 휴식의 모습은 아니다. 직장인들은 1~2년 일하고 그만둘 사람이 아니다. 생계를 위해서, 개인의 발전과 목표를 위해서 장기적으로 일해야 하는 사람이다.

우리나라는 동계스포츠 중 쇼트트랙에 강세를 보인다. 쇼트트랙도 육상과 마찬가지로 단거리 종목과 장거리 종목으로 나뉜다. 단거리 종목 출전 선수들은 초반부터 폭발적인 에너지를 내뿜으며 경기 막판까지 그 힘을 유지한다. 하지만 장거리 선수들은 초반에는 상대방은 견제하며 힘을 비축하다가 중반 이후에 승부를 본다.

우리의 직장 생활은 장거리 경주이다. 하루 이틀 일하고 그만둘 것이 아니기 때문이다. 짧게는 몇 년, 길게는 몇십 년 동안 직장 생활을 해야 한다. 단거리 선수마냥 폭발적인 힘을 처음부터 무작정 사용하다가는 반드시 중간에 쓰러지게 된다. 장거리 경주임을 인식하고 장기적인 관점에서 쉴 때는 쉬고, 일할 때는 일하며 힘을 비축해야 한다.

15분 건강 관리

성능이 아무리 좋은 노트북도 24시간 내내 켜놓는다면 얼마 지나지 않아 문제가 생긴다. 우리 몸은 성능이 좋은 노트북보다 훨씬 더 정교하다. 24시간 내내 켜놓는다면 수명은 단축될 것이다. 반드시 전원을 끄고 휴식을 취하는 시간이 필요하다.

수면 시간은 바로 완전히 전원을 끄고 휴식을 취하며 내일을 준비하는 시간이다. 하지만 밤에 자는 잠만으로는 하루 종일 일하며 쌓인 피로가 완벽히 풀리지 않는 경우가 있다. 아침에는 개운한 마음으로 출근해서 일을 하지만, 점심을 먹고 나면 쏟아지는 피로로 오후 시간을 흘려보내는 경우가 있다.

15분간의 낮잠으로 오후 시간을 더 생기 있게 보낼 수 있다. 내가 일하는 회사에서는 점심 시간에 특별한 일이 없으면 전등을 끈다. 비록 낮이지만 전등을 끄면 어느 정도 어두움이 형성된다. 5분~10분정도 잠깐 눈을 붙이면 간밤에 몇 시간 잔듯한 개운함과 상쾌함이 찾아온다. 그렇게 눈을 잠시 붙이면 오후에 다시 일을 할 수 있는 새로운 힘이 생긴다. 그렇게 축적된 힘으로 길고 긴 오후를 버텨 낸다.

낮잠이 여의치 않으면 잠시 업무 공간을 벗어나 산책을 하면서 새로운 기분을 느껴 보자. 같은 자세로 오래 앉아 있는 직장인들은 척추나 목에 이상이 생기거나, 하지정맥류 등 여러 질병에 시달릴 가능성이 높다. 바깥에 나가 신선한 공기를 마시고 15분가량 산책을 하면서 마음을 새롭게 한다면 다시 업무에 복귀했을 때 더 효과적으로 집중할 수 있다.

업무의 특성상, 낮잠과 산책 이러한 모든 것들이 사치로 여겨질 경우도 있다. 그렇다면 최소한 자리에서 일어나 스트레칭을 하면서 잠시 업무와 멀어질 수 있는 시간을 의식적으로 가져야 한다. 이러한 시간을 통해서 더 건강한 몸과 마음을 가질 수 있다.

인간관계에
선택과 집중이 필요해

잃어버린 부는 열심히 노력하면 되찾을 수 있고, 잃어버린 지식은 열심히 공부하면 되찾을 수 있으며,
잃어버린 건강은 열심히 운동하면 되찾을 수 있다. 그러나 잃어버린 시간은 영원히 사라진다.
– 새무얼 스마일스

관계의 행복

사람이 두 명 이상 모이게 되면 인간관계가 시작된다. 우리는 관계를 왜 맺는가? 여러 가지 이유가 있을 수 있다. 뚜렷한 어떤 목적을 가지고 관계를 맺는 사람이 있을 수 있다. 단지 혼자 있으면 외롭기 때문에 관계를 맺는 사람이 있을 수도 있다. 다양한 이유들을 종합해보면 결국 우리는 행복하기 위해서 관계를 맺는다.

행복을 위해서 관계를 맺고 함께 생활을 하지만 그 행복이 잘 유지되지 않는 경우가 많다. 그것은 나와 상대방의 생각이 다르기 때문이다. 이 세상에 얼굴이 똑같은 사람은 없다. 그것과 마찬가지로 사람의

성격, 생각, 가치관은 모두 다르다. 이러한 이유로 관계를 맺으며 살아갈 때 어려움은 필연적인 것이다.

내 입장에서 생각할 때 상대방이 마음에 들 수도 마음에 들지 않을 수도 있다. 상대방 또한 나를 그렇게 생각할 것이다. 세상을 살아가면서 마음에 드는 사람, 좋은 사람만 관계를 맺는 것은 복이다. 우리는 좋은 사람들을 유독 많이 만나는 사람을 '인복이 많다'고 부른다. 그리고 그러한 사람들을 한없이 부러워한다.

하지만 그렇게 인복이 많은 사람은 많지 않다. 대부분은 인간관계에 있어서 어려움을 느끼며 살아가고 있다. 행복하기 위해 관계를 맺지만 그러한 관계로 인해 어려움을 느끼는 모순적인 상황이다. 어떻게 하면 좋은 관계를 맺을 수 있을까? 어떻게 하면 엉망진창이 된 내 인간관계를 잘 정리할 수 있을까? 결국 관계의 문제에서도 시간이 필요하다. 시간을 들여야만 관계의 성립, 정리가 이루어 질 수 있다.

하루 15분이면 들쑥날쑥한 관계를 매끄럽게 정리할 수 있다. 그리고 새로운 좋은 관계를 맺을 동력을 얻을 수 있다. 작은 노력을 통해 진정한 행복을 누리기 위한 인간관계를 실천해보자.

좋은 관계 맺기

인맥이라는 단어를 들었을 때 처음 드는 느낌이 무엇인가? 대부분은 인맥을 부정적인 느낌의 단어로 생각할 것이다. 왠지 내 이익을 위해 사람에게 접근을 해야 할 것만 같고 그렇게 만든 인맥을 통해 그 사람을 이용해야 할 것만 같은 느낌이 들 수도 있다.

특히 한국 사회는 인맥으로 인한 부작용을 크게 겪고 있다. 학연, 지연, 혈연으로 서로 아는 사람을 암암리에 끌어주고 밀어주며, 공정하고 정당한 경쟁을 방해하는 일이 만연했다. 인맥을 통한 연관 관계를 찾으려 하고 이것이 없으면 성공에 방해가 된다는 인식이 가득하다. 지금은 많이 깨끗해지고 청렴해졌지만 과거 사람을 통한 객관적이지 못한 나쁜 관행이 조금은 남아 있다.

사람이 살아가고 있는 사회에서 인간관계는 중요하지만 이것으로 모든 것이 결정되어서는 안 된다. 인맥은 어디까지나 첫 어색함을 무너뜨리는 윤활유 역할만을 해야지, 의사결정에 결정적인 역할을 하면 안 된다. 아는 사람이기 때문에 전화걸기 덜 망설여지는 것까지가 인간관계의 역할이다.

인간관계의 시작은 좋은 만남이다. 좋은 사람을 만나고, 반대로 내가 좋은 사람이 되어주는 것이 필요하다. 또한 인간관계를 맺는 것도 중요하지만 정리하는 것도 중요하다. 사람은 언제 어디에서 만나게 될지 알 수 없기 때문이다. 관점을 약간 다르게 하면 오히려 좋은 만남보다 좋은 헤어짐이 더 중요할 수도 있다. 결국 좋은 관계는 좋은 만남은 물론이고 원만한 헤어짐까지 포괄한다.

관계 정리하기

정보기술이 발달함에 따라 관계 맺기 기술은 수월해졌다. 과거 통신수단이 급격히 발달하기 전에는 사는 지역을 중심으로 인간관계가 형성되었다. 나도 어렸을 때를 기억해보면 같은 동네에 사는 친구들, 학교 친구들, 교회 친구들 정도가 인간관계의 전부였던 것 같다. 하지만 통신기술이 발달하고 SNS가 발달함에 따라 아는 사람 또한 급격히 많아졌다. 관계 맺기가 수월해진 것이다.

내가 대학 생활을 할 때 싸이월드가 크게 유행을 하였다. 미니홈피를 꾸미고 일촌을 맺으며 서로의 미니홈피를 방문하며 소식을 전했다. 싸이월드를 통해 그동안 연락이 끊겼던 친구들과 연결이 되었다. 싸이월드는 대부분 한국 사람들이 활용을 했기에 한국 사회 내부로 친구를 맺는 사람이 한정되었다.

하지만 이후 출시된 페이스북을 통해 그 범위는 세계로 넓어졌다. 나도 출장이나 여행에서 만난 외국인 친구들과 페이스북 친구를 맺는다. 그렇게 맺어진 친구의 숫자는 엄청나다. 때로는 각 개인별로 친밀한 관계를 가지지는 않는 경우도 있다. 그저 각자 올린 소식에 가끔 '좋아요'를 누르는 정도이다. 페이스북 친구 중에서는 사실 누구인지도 모르는 잊힌 사람도 있다. 결국 이렇게 잊혀진 관계를 정리해야 한다. 비단 SNS 친구뿐만 아니라 일상에서 관계를 맺는 사람들도 관계 정리가 필요하다.

모든 사람과 계속적으로 좋은 인연을 이어가는 것은 매우 이상적이다. 하지만 현실적으로는 그럴 수 없다. 내 사랑하는 딸이 지금은 아빠 곁에 계속 있을 것 같지만 결국은 다른 남자와 결혼하고 부모의 품을 떠나야 하는 것을 나는 알고 있다. 머리로는 이해하지만 딸의 결혼식

날에는 많이 울 것 같다. 하지만 딸의 새로운 인생을 위해 감당해야 한다. 인간관계도 이와 같다. 새로운 관계를 위해서 마음 아프지만 과거의 관계를 떠나보내야 할 때가 있다. 아픔은 잠깐이지만 결국 그것을 통해 새롭게 다가올 미래를 기대해야 한다.

15분 관계 정리

스마트폰 주소록에 보면 수백 명에서 많게는 수천 명까지의 연락처가 저장되어 있다. 하지만 이들 중에 몇 명과 연락을 하는가? 하루에 많아도 10명 내외일 것이다. 불필요한 연락처들을 삭제하자.

내 스마트폰 연락처에도 불필요하거나 관계가 더 이상 없는 사람들의 연락처가 가득했다. 심지어 학교 다닐 때 저장해놓았던 포항 지역 치킨집, 중국집 연락처까지 있었다. 저장되어 있는 연락처의 개수를 세어 보니 총 1,211개였다. 1년간 연락을 주고받지 않았던 사람, 앞으로 연락을 주고받지 않을 사람들의 연락처를 파악해보니 총 425개가 선택되었다. 이 연락처들을 과감히 삭제하니 좋은 관계를 계속 이어나갈 사람들이 눈에 더 들어왔다.

이렇게 연락처를 정리하는데 걸리는 시간은 단 15분이다. 15분 만에 인간관계의 새로운 시작이 열린 것이다. "새 술은 새 부대에 담아야 한다"고 했다. 새로운 관계를 위해서 묵은 옛 관계는 정리해야 한다.

과거의 묵은 관계를 정리했다면 이제 남아 있는 사람들에게 조금 더 관심과 시간을 쏟을 차례이다. 사람은 사랑하는 사람에게 자신이 가장 귀중하다고 생각하는 것을 할애할 수 있다. 시간은 우리가 가진 것 중에 가장 귀중한 것이다. 이 시간을 들여 안부전화를 하고 사랑을 전한다면 상대방은 큰 감동을 받을 수 있다.

나는 서울에 올라와서 살고, 부모님은 고향에 계신다. 바쁘다는 핑계로 전화를 자주 드리지 못하지만 한 번씩 전화를 드리면 그렇게 좋아하신다. 꼭 매일이 아니더라도 15분가량 시간을 내어서 사랑하는 사람에게, 친밀한 사람에게 그리고 조금 관계가 소원해졌던 사람에게 안부를 묻자. 전화든, 카톡이든, 문자든 어떤 방법이든 좋다. 반가움을 전하고 비록 자주 연락하지 못하지만 그래도 늘 기억하고 있고, 생각하고 있음을 전하자.

그리고 기회가 된다면 얼굴을 맞대고 함께하는 시간을 가져야 한다. '시간 되면 밥 한번 먹자'라며 인사치레로 말을 던지기보다 좋은 인연들에게 진정한 마음으로 안부를 전하고 만나서 이야기를 나누자. 이때 서로가 상대방에게 가진 사랑의 마음이 잘 전해질 것이다.

15분의 시간은 평소에 하지 못했지만 반드시 필요한 일을 하는 시간이다. 혼신의 힘을 다해 집중할 수 있는 시간이다. 차분히 나를 돌아보고 다른 사람과의 관계를 다지는 시간이다. 또한 인생에서의 멘토를 만날 수 있는 시간이기도 하다. 결코 15분은 짧지 않다. 15분 동안 많은 일을 할 수 있다. 숨어 있는 15분을 찾아내서 내 자신과 소중한 사람을 돌아보는 좋은 기회로 삼아야 한다.

FINDING HIDDEN TIME

— Part 6 —

30분,
잘 써 보고 싶다

30분에는
놀라운 힘이 있다

시간은 모든 소유물 중에서 가장 소중하면서도 가장 쉽게 사라진다.
-존 랜돌프

하루 30분 활용하기

하루 30분의 시간은 1분과 15분에 비해서는 길다. 나름 무엇인가를 충분히 할 수 있는 시간이다. 하루에 30분의 시간을 확보하는 것은 생각만큼 어렵지 않다. 하루 30분의 시간을 꾸준히 확보하고 그 시간을 효과적으로 사용함으로써 성공적인 인생을 살아갈 수 있다.

김범준 작가는 《하루 30분의 힘》에서 인생을 바꾸는데 30분이면 충분하다고 이야기한다. 그는 직장인이며, 커뮤니케이션, 리더십, 코칭을 강의하는 강연자이고, 작가이기도 하다. 직장인으로서 다양한 다른 활동을 하며 살아갈 수 있는 것은 자투리 시간을 찾아내고 그 시간을 효과적으로 활용함으로 가능하다.

우리도 김범준 작가와 같이 직장에만 얽매이는 것이 아니라 원하는
것을 하면서 살고 싶어 한다. 그렇다면 우리도 우리에게 숨어 있는 30
분을 찾아 내가 원하는 곳에 정확히 투자해야 한다. 회사에서만의 삶
이 아닌 나 스스로 원하고 개척하는 삶을 살아가기 위해서는 하루 30
분을 적극적으로 활용해야 한다.

숨은 30분 찾아보기

직장인들이 아침과 점심 시간 그리고 저녁 시간에 30분을 찾아내는
것은 생각보다 어렵지 않다. 보통의 직장인들은 9시에 출근해서 저녁
6시에 퇴근한다. 9시부터 업무가 시작된다면 30분 정도는 여유 있게
출근해서 자신만의 시간을 만들어 사용한다면 효과적인 아침 시간을

맞이할 수 있다. START 시간 관리 실천 방법에서 제시한 '결국 새벽이다(Awaken the dawn)'를 기억하자.

직장인이든 학생이든 아침잠과의 싸움은 숙명이다. 일어나고 안 일어나고의 문제가 아니라 언제 일어나야 하는지의 문제이기 때문에 오히려 아침 시간 확보는 수월하다. 그렇기 때문에 많은 시간 관리에 관한 책들은 이 아침 시간 활용을 강조한다. 이미 찾아낸 시간이고 조금만 신경 쓰면 내 것으로 사용할 수 있는 시간이기 때문이다. 쏟아지는 아침잠의 유혹만 이겨 낸다면 숨어 있던 아침의 30분을 확보할 수 있다.

직장의 점심 시간은 보통 12시에서 1시까지다. 하지만 밥을 한 시간 동안이나 먹는 사람은 거의 없다. 10분~20분이면 식사가 마무리 된다. 한국 사람들은 세계에서 밥 빨리 먹기로 둘째가라면 서럽다. 많은 매체들이 건강을 위해 천천히 먹어야 한다고 말하지만, 빨리빨리 문화에 길들여진 한국 사람들은 식습관에서도 여지없이 빨리빨리다. 빠르게 식사를 마치고 남은 점심 시간은 핸드폰 게임을 하거나 동료들과 함께 커피를 마시며 수다를 떤다. 점심 이후에 핸드폰을 켜지 않고, 동료들과의 즐거운 시간을 잠시 포기한다면 점심 시간에 숨어 있는 30분을 확보 할 수 있다.

퇴근 후에는 TV, 스마트폰으로 가는 손을 잠시 붙잡아 보자. 그 시간만 아껴도 30분 아니 더 많은 시간을 내 시간으로 쓸 수 있다. 91개의 자격증을 보유한 공부의 달인 다카시마 데쓰지는 자신의 책《잠자기 전 30분의 기적》에서 잠자기 전의 30분이 아주 중요하다고 강조한다. 이 시간을 통해 밤사이 잠자는 동안 뇌가 숙성시킬 지식을 쌓을 수 있다. 그리고 그렇게 쌓인 지식은 꽤 오래 머릿속에 남는다. 다카시마 데쓰지는 잠자는 시간까지 확실하게 내 것으로 만들었다. 잠들지 않는 뇌를 활용하는 노력을 통해 수많은 자격증을 취득하였고 공부법의 대가가 되었다.

> 우리는 자는 동안 뇌도 잠을 잔다고 생각했지만, 우리 뇌는 잠들지 않았던 셈이다. 우리의 깜냥으로는 '뇌도 좀 쉬어야지.' 하며 눈을 감고 휴식을 취했지만, 뇌는 깨어서 제 할 일을 하고 있어다는 말이다. 그 증거가 바로 꿈이다. 뇌는 우리가 자는 동안에도 열심히 일하며 우리에게 꿈을 보여준다.
>
> - 《잠자기 전 30분의 기적》, 다카시마 데쓰지[38]

하지만 우리의 잠자기 전 30분은 어떠한가. 일찍 퇴근한 날은 집에서 저녁을 먹고 아이와 잠시 시간을 보낸 후 소파에 누워 TV를 켠다. 평소 좋아하는 드라마가 있다면 그것을 보다가 꾸벅꾸벅 존다. 눈을 떠 보면 어느새 한밤중, 주섬주섬 정리를 하고 방에 들어가 잠을 잔다. 혹시 야근이 있다면, 회식이 있다면 귀가 시간은 늦어지고 그대로 쓰러져 잠이 들거나 스마트폰을 만지작거리다 잠이 든다.

이러한 삶의 굴레에서 벗어나 내가 꿈꾸는 인생을 살고자 한다면 바로 지금 잠자기 전 30분의 시간을 바꿔야 한다. 잠자기 전 30분을 온전히 확보하고 무의식의 영역인 꿈까지도 내 것으로 만들 때 내가 원하는 삶에 한걸음 성큼 다가갈 수 있다. 이렇게 30분은 우리의 삶 곳곳에 숨어 있다. 숨어 있는 30분을 찾았다면 이제는 그 시간 동안 무엇을 해야할지 고민할 차례이다.

한국인의 영원한 숙제,
영어

끝날 때까지 끝난 게 아니다.
- 요기 베라

영어는 죽을 때까지

뉴욕 양키스의 전설적인 포수로 이름을 날렸던 메이저리거 요기 베라는 명언을 남겼다. "끝날 때까지 끝난 게 아니다." 스포츠는 각본 없는 드라마라는 말을 많이 하는데 끝까지 포기하지 않고 역전승을 거두는 경우가 많기 때문이다.

한국인들에게 영어는 평생의 숙제이다. 영어야말로 끝날 때까지 끝난 게 아닌 짐인 셈이다. 중·고등학교 때는 대학만 가면 영어공부를 안 해도 되는 줄 알았다. 하지만 웬걸, 대학에 가니 영어로만 진행하는 수업이 있고, 책을 영어로 봐야 했다.

나도 대학에 입학했을 때 영어로 된 원서를 보고 적잖이 당황했었다. 고등학교 때까지 영어지문은 그저 읽고 빈칸을 채우고, 알맞은 문장을 고르는 수준이었다. 하지만 이제는 그 영어지문을 통해 정보를 얻고 내 것으로 만들어야 했다. 독해법이 완전히 달라지니 처음에는 적응하기에 매우 힘들었다. 읽기는 읽는데 기억에 남지 않는 신비한 경험을 많이 했었다.

그렇게 공부하고 취직을 하면 더 이상 영어를 쓰지 않아도 되는 줄 알았다. 하지만 취업의 문을 어렵게 통과했다는 성취감도 잠시, 영어는 지속적으로 우리를 괴롭힌다. 어떤 회사는 정기적으로 영어성적을 내도록 한다. 어떤 회사는 외국 바이어를 상대로 물건을 팔아야 한다. 어떤 회사는 국외 출장이 많다.

적지 않은 시간 동안 영어교육을 받았지만 나를 포함한 많은 한국인들은 외국인들 앞에서 영어로 이야기하는 것이 어렵다. 영어로 상대방과 이야기할 시간이 되면 가슴이 두근거리고 머릿속이 하얗게 변한다. 어버버하다 보면 이미 상대방과의 시간이 끝나 있다. 이러한 트라우마를 마음에 간직하고 다시 한 번 마음을 먹는다. '영어공부 열심히 해서 끝장내 버려야지.' 여기서 우리의 착각을 발견 할 수 있다.

영어는 끝이 있는 것이 아니다. 우리는 무엇인가를 배울 때 끝을 보는 것에 익숙하다. 고등학교 3년 과정을 통해 졸업을 하면 고등학교 수업 과정을 끝장낸 것이라고 생각한다. 대학 학위를 받고 나면 그 과정에 대해 끝장낸 것이라고 생각한다. 정해진 커리큘럼에 따라 과정을 이수하고 나면 남아 있는 내용이야 어찌됐건 끝장을 낸 것이다.

하지만 영어는 그렇지 않다. 토익 990점을 얻으면 영어를 끝장낸 것일까? 영어회화 반을 이수하면 영어를 끝장낸 것인가? 그렇지 않다. 왜냐하면 영어는 살아 있고, 지금도 사용되고 있기 때문이다. 우리는 영어와 죽을 때까지 불편한 동행을 계속해야 한다. 끝날 때까진 끝난게 아니다.

영어는 목적이 아니라 수단이다

나는 전형적인 한국 사람이다. 미국도 최근에 처음으로 갔었고 대부분 단기 여행으로만 외국을 다녔다. 그러나 내가 졸업한 학교에는 외국에서 살다온 학생들, 외국인들이 꽤 많이 있다. 그들은 영어를 사용하는 것을 한국어를 쓰는 것보다 더 편하게 생각한다. 대화 중간에 영어단어를 섞어 말하는 것이 그렇게 멋있어 보이고 부러울 수 없었다.

대학 시절 그들의 대화 방식을 많이 따라하려고 노력했다. 대학에서부터 직장에 들어와서까지 나는 영어 잘하는 것을 지상목표로 삼고 공부했다. 영어시험 공부도 하고, 회화학원도 다녀보고 전화영어도 했다. 정작 외국인 앞에 서면 쉬운 영어도 어렵게 나왔다. 완벽한 영어를 구사해야 한다는 강박관념으로 내 마음은 가득 차 있었다. 하지만 이런 영어에 대한 편견은 두 가지 사건을 겪으면서 큰 전환점을 맞이했다. 하나는 베트남에서의 인턴 생활 통해서이고, 하나는 아내를 만나고서이다.

베트남에서 2달 동안 인턴을 하면서 현지인들과 영어로 대화를 했다. 베트남어는 너무 어려워서 배울 엄두도 내지 못했다. 베트남 사람들도 영어를 모국어로 쓰는 사람이 아니기에 어법적으로 문법적으로 맞지 않는 영어를 종종 썼다. 물론 나도 그랬지만 대화가 되고 뜻이 통했다. 오랫동안 마음속에 강하게 자리 잡고 있던 완벽한 영어구사에 대한 강박이 흔들리기 시작했다.

아내를 만나면서는 영어에 대한 편견이 송두리째 뒤바뀌게 되었다. 내 아내는 한국외국어대학교에서 영어를 전공하고 UN에서 근무했다. 영어와는 친숙한 사람이며 감정표현이나 자기 생각을 영어로 표현하는 것이 더 쉬운 사람이다.

영어를 잘하고 싶은데 생각처럼 잘 안 되어 힘들어하는 내게 어느 날 아내가 물었다. "왜 영어를 잘하고 싶은데요?" 나는 대답했다. "영어를 잘하면 멋있어 보이잖아요.", 아내는 내게 말했다. "영어는 목적이 아니고 수단이에요. 얼마나 미국인처럼 말하느냐 보다 세계 어느 나라 어떤 사람을 만나도 소통할 수 있느냐가 중요해요. 영어는 단순히 한 나라의 언어가 아닌 세계어잖아요. 세계어인 영어는 시야를 넓히고 다양한 친구를 만나는 수단으로 써야 해요."

영어는 목적이 아니고 수단이다. 이 이야기를 듣는 순간 막혀 있던 담이 뻥 뚫리는 느낌이었다. 이 말을 통해 영어를 완벽하게 잘 구사하는 것이 전부가 아니고 영어를 통해 무슨 일을 할 수 있을지를 고민하게 되었다. 지금도 영어공부를 열심히 하고 있다. 이제는 단순히 완벽한 영어를 구사하기 위해서 공부하지는 않는다. 외국인을 만났을 때, 혹은 여행을 갔을 때, 출장을 갔을 때, 영어로 교육을 받을 때 효과적으로 영어를 사용하기 위해서 공부한다.

그리고 이 세상에는 영어로 된 엄청난 정보들이 존재한다. 한국어로 된 정보와는 비교할 수 없는 수준의 규모이다. 영어실력을 키움으로써 영어로 된 무궁무진한 정보를 획득하고 잘 사용하기 위해서 공부하고 있다.

성적형 영어와 생활형 영어

영어공부는 두 가지 방식으로 나뉜다. 토익, 토플, 텝스 등 시험을 통해 성적을 내야 하는 영어공부 방식, 소위 성적형 영어가 있다. 또 여행회화를 하거나 간단한 영문 이메일을 보내고, 영어소설을 읽는 등의 생활형 영어가 있다. 두 가지는 전혀 다른 공부 스타일을 가지고 있다. 우리가 익숙한 한국어의 경우에도 성적형은 별도의 준비가 필요하다. KBS가 주관하는 한국어능력시험의 경우 시험 준비를 하지 않고서는 좋은 성적을 거두기가 어렵다. 반면 생활형은 별도의 공부를 하지 않아도 모국어가 한국어이기 때문에 자연스럽게 사용할 수 있다.

성적형 영어의 경우 집중력이 중요하다. 한 달이면 한 달, 두 달이면 두 달, 최대 석 달까지의 기한을 가지고 집중해서 준비해야 한다. 출퇴근 시간, 점심 시간, 퇴근 이후 시간 등 가용한 모든 시간을 활용해서 단기간 동안 성적형 영어에 집중해야 한다. 출근할 때는 단어를 암기하고, 점심 시간에는 리스닝을 공부하고, 퇴근 후에는 강의를 들으며 리딩 공부를 하는 방식의 분배도 필요하다.

특히 직장인의 경우 학원을 다닐 시간을 내는 것이 또 다른 일이다. 그렇기 때문에 동영상 강의를 이용하는 것이 효과적이다. 물론 반드시 성적을 내야 하는 절실함이 있다면 새벽반, 혹은 퇴근 이후, 또는 주말 반 등을 이용하는 것도 하나의 방법이다. 함께 같은 교실에서 수업을 들으며 다른 학생들의 공부하는 모습을 보는 것만으로도 좋은 동기부여가 될 수 있다.

하지만 오고 가는 길에 너무 많은 시간을 빼앗기지 않도록 주의해야 한다. 동영상 강의의 경우 긴 호흡을 가지고 준비할 수 있다면 시리즈로 나오는 정규 강의를 구입하는 방법도 좋다. 직장 생활을 하면서 정규 강의를 긴 시간 동안 들을 여유가 많지 않기 때문이다.

틈틈이 자투리 시간에 짧은 호흡으로 공부를 한다면 한 달에 한 번 정기적으로 올라오는 무료 특강을 활용하는 것이 좋다. 해커스어학원이나 영단기어학원 등 대형 어학원에서는 각종 시험에 대비해서 무료 특강을 제공한다. 비록 무료이지만 학원과 강사의 홍보 차원으로 매우 신경 쓴 양질의 강의를 제공한다. 이 무료 특강의 수업자료와 강의만으로도 좋은 성적을 얻을 수 있다.

로스쿨을 준비하면서 토익성적이 필요했기 때문에 몇 번을 연속으로 시험을 봤다. 약 두 달의 여유를 두고 매일매일 30분 단위로 시간을 확보하여 토익공부를 했다. 목표는 900점이었고 마지막으로 본 시험에서 905점을 얻어 그 점수로 2년간 로스쿨 지원하는데 사용했다. 최근 로스쿨 입시를 정리하고 한 해를 돌아보는 마음으로 토익시험을 치렀다. 이번에는 한 달 정도를 잘 활용해서 공부했더니 955점의 고득점을 얻었다. 성적형 영어는 쫓기지 않고 편안한 마음으로 보는 것이 고득점에 더 유리하다는 것도 몸소 체험하였다.

생활형 영어의 경우 꾸준함이 필요하다. 생활형 영어는 긴 호흡을 가지고 공부해야 한다. 성적형 영어에 대한 부담이 없는 시기에 출퇴근 시간 30분을 이용해서 학습하는 것이 좋다. 특히 요즘은 단시간 동안 매일매일 활용할 수 있는 영어학습 어플이 많이 개발되어 있다. 내가 사용한 어플은 '소리영어'라는 어플로 매일 약 20분정도의 동영상 강의를 제공한다. 미드의 일부분을 보여주고 그 대사 하나하나를 따라 읽을 수 있게 설계되어 있다.

특이한 점은 하루에 학습할 수 있는 분량이 정해져 있고 그 이상을 학습할 수 없다는 점이다. 하루 학습을 마쳐야만 다음날 새로운 부분을 공부할 수 있다. 만일 오늘 하루 수업을 듣지 못했다면 다음날 놓쳤던 수업이 그대로 기다리고 있다.

미드를 통한 학습은 미국의 실생활 영어를 배울 수 있는 큰 장점이 있다. 현재 사용되고 있는 문장, 단어를 공부함으로 실생활에서 그대로 활용 가능한 언어를 배울 수 있다. 20분간의 수업을 듣고 나머지 시간 동안 복습을 하면서 배운 문장들을 완벽히 내 것으로 만들 수 있다. 이러한 방법이외에도 기초영어 회화책 한 권을 통째로 외우는 방법도 있다.

뉴 논스톱, 내조의 여왕 등을 연출한 김민식 PD는 《영어책 한 권 외워봤니》에서 매일 꾸준히 한 권의 영어책을 외우는 것이 생활형 영어 실력 향상에 도움을 준다고 이야기한다.[39] 김민식 PD가 추천한 '영어

회화 100일의 기적' 또한 내 가방 속에 늘 들어 있어 짬이 날 때마다 들여다보며 회화를 암기한다.

외국어는 일정량 이상의 재료가 있어야 실력이 발휘된다. 영어책 한 권을 외움으로 영어의 재료를 내 안에 쌓아두고 필요할 때마다 적절히 사용할 수 있다. 이렇게 매일 30분의 시간을 영어에 투자하여 목적이 아닌 수단으로써의 영어실력을 갖출 수 있다.

내 취미는
독서입니다

읽다죽어도 멋져 보일 책을 항상 읽으라.
- P.J. 오루크

작가와 함께 떠나는 여행, 독서

"당신의 취미는 무엇입니까?"라는 질문에 많은 사람들은 독서라고 대답한다. 하지만 진짜 책을 흥미 있게, 취미로 읽는 사람은 얼마나 될까? 나 또한 이력서 취미란에 독서라고 적은 적이 있다. 그 당시 책을 잘 안 읽던 시절이었다. 마땅히 쓸 게 없어서, 혹은 가장 흔하기 때문에 취미는 독서라고 소개하는 경우가 많다.

우리는 독서에 대해 강박관념을 가지고 있다. 학창 시절부터 책을 읽어야 한다는 의무감에 사로잡혀 있다. 하지만 한국 교육의 특성상 엄청난 공부량을 요구하기에 책 읽을 시간은 거의 없다. 그렇기 때문에 독서는 그저 마음만 무겁게 하는 부담 중 하나였다.

새해가 되고 목표를 하나씩 세울 때 어김없이 독서에 도전하는 사람이 많다. '그래도 지성인으로서 내가 책은 좀 읽어야지 않겠어?'라고 생각하는 사람들이 많다. 그 결과 연초에 서점에 가면 사람들로 북적거려 어디 시장에 온 것 같다.

단단히 마음을 먹고 집어든 책, 하지만 한 장 넘기기가 쉽지 않다. 졸음도 오는 것 같다. 괜스레 스마트폰을 만지작거린다. 하루가 지나고 이틀이 지나고, 책 읽겠다는 다짐은 사라지고 어느 순간 그 책은 책꽂이에서 먼지만 수북이 쌓여간다. 우리 주변에 책읽기를 방해하는 것들이 너무나 많다.

100년 전 프랑스의 문예평론가 에밀파게는 자신의 책 《단단한 독서》에서 책 읽기를 방해하는 것들에 대해 썼다.

"자기애, 잡다한 열정, 소심함, 불만족한 정신, 이런 것들은 독서의 주적으로 언제나 우리 안에서 비롯된다. 그 수가 많음을, 상당히 흥물스러운 것임을 우리는 보았다. 서글픈 노년을 맞이하고 싶지 않다면 우리는 독서의 주적에 맞서 우리 자신을 지켜야 한다. 책은 우리에게 남을 마지막 친구이며 우리를 속이지도, 우리의 늙음을 나무라지도 않기 때문에……"

– 《단단한 독서》, 에밀파게[40]

100여 년이 지난 지금 독서의 주적은 스마트폰을 필두로 TV, 컴퓨터 등으로 바뀌었다. 과거보다 더 책읽기 힘든 시기를 맞이한 것이다.

시대가 변하고 과학기술이 발전하였지만 여전히 우리는 책을 읽어야 한다. 독서를 통해 글쓴이의 인생을 간접적으로 경험할 수 있기 때문이다. 보통 책 한 권을 쓰기 위해서는 많은 시간을 연구하고 고민해서 쓰게 된다. 몇십 년을 연구한 핵심을 바탕으로 책을 펴내는 경우도 많다. 독자는 단 몇 시간을 투자해 저자가 인생을 걸고 알아낸 것들을 습득할 수 있다.

프랑스 소설가 앙드레 지드는 "한 권의 책을 읽는 행위는 저자와 함께 여행을 떠나는 일과 같다"라고 말한다. 이렇게 남는 장사가 어디 있을까? 단 30분의 자투리 시간을 활용해 내가 평소 좋아하는 작가와 함께 여행을 떠나보자.

고요한 아침에 누리는 30분의 독서

《아침 30분독서》의 저자 마쓰야마 신노스케는 평범한 직장인이다.[41] 그는 편도 두 시간을 출근하는데 사용한다. 바쁜 시간에 필사적으로 이끌려 사는 주변에서 흔히 찾을 수 있는 사람이었다. 사람이 붐비는 시간을 피해 여유 있게 출근하고자 새벽 첫차를 타고 출근한 것이 변화의 시작이었다. 무료한 지하철에서의 시간을 활용하고자 책을 꺼내들었고 그 행동은 그를 변화시켰다. 아침에 일찍 일어나 30분간의 독서 시간을 가지는 것만으로 사람은 변할 수 있다.

직장에서의 평판이 달라지고 시간에 이끌려 사는 삶이 아니라 시간을 다스리고 이끌어가는 자기주도형 인간이 될 수 있다. 30분의 독서를 꾸준히 해 나간다면 한 달에 두세 권의 책은 읽어 낼 수 있다. 한국인의 2016년 평균 독서량이 8.7권[42]인 것을 감안할 때 한 달에 두세 권의 책을 읽는 것은 상당히 많은 독서량임을 증명한다.

또한 아침 독서는 잠에서 막 깬 우리의 뇌를 부드럽고 확실하게 풀어주는 효과가 있다. 유연해진 사고를 통해 스스로 생각하고 판단하는 습관이 생긴다. 이를 통해 사고력과 집중력이 향상된다. 고요한 아침의 시간 독서와 함께 새벽을 깨워 보자. 하루가 달라질 것이고, 그러한 하루가 차곡차곡 쌓여 인생이 달라질 것이다.

하루를 마무리 하는 저녁 30분 독서

하루를 시달리며 집으로 돌아왔다. 이제 좀 쉬겠구나 하는 마음으로 씻고 침대에 드러눕는다. TV와 스마트폰을 보다가 피곤한 몸과 마음을 달래기 위해 잠이 든다. 저녁은 쉬는 시간이다. 저녁은 하루의 일과를 모두 마치고 편안하게 휴식을 취하며 잠을 자는 시간이다. 저녁은 단지 잠을 자는 시간이고 하루 24시간 중 수면 시간 8시간은 우리 인생에서 없어지는 시간인 것인가?

총 인생을 100년 산다고 가정했을 때 약 33년 정도는 잠을 자는데 사용된다. 아깝지 않은가? 늘 시간이 부족하다고 호소하면서도 잠을 자는 시간을 내 시간으로 만들 생각은 하지 않는다. 다시 말하지만 잠자는 시간을 줄이자는 이야기가 아니다. 신체의 원활한 회복을 위해 적당한 수면 시간은 꼭 필요하다. 잠자는 시간은 줄이면 안 된다. 단지 과도한 수면 시간은 적정하게 줄일 필요는 있다.

《잠자기 전 30분의 기적》의 저자 다카시마 데쓰지의 '잠자기 전 30분'을 다시 기억해보자. 우리가 잠들어 있는 사이에도 우리의 뇌는 깨어서 일을 하고 있다. 잠자기 전 30분의 시간 동안 입력된 정보는 꿈속에서 재생산된다. 저녁 30분은 그저 쉬기만 위한 시간이 아니라 꿈속에서 뇌가 할 일을 지시하고 다음날 아침을 준비하는 시간이다. 이 시간에 책을 읽음으로 많은 정보를 우리의 뇌 속에 저장시킬 수 있다.

잠자는 시간까지 알뜰하게 사용함으로써 인생을 변화시킬 수 있다. 당신은 당신의 뇌가 7시간 동안 스마트폰으로 본 스포츠 소식을 기억하고 재생산하기 원하는가? 아니면 인문고전의 주옥같은 메시지를 기억하고 재생산하기 원하는가?

독서로 인생이 바뀐 사람들

독서로 인해 인생이 바뀐 사람들이 많이 있다. 전 미국 대통령 버락 오바마는 독서하는 대통령으로 유명하다. 8년의 재임 기간을 마치고 퇴임하면서 "지난 8년 동안 힘든 때에 책으로부터 위안과 조언을 얻었다"고 말했다.

독서는 오바마 대통령의 생존 비결이었다. 미국의 대통령으로서 무수히 많은 보고서를 읽고 분석했을 것이다. 그는 독서에 시간을 할애하는 것을 아까워하지 않았다. "일이 급하게 돌아가고 숱한 정보가 난무할 때 속도를 늦추고 다른 입장에서 생각하게 하는 능력을 준 것이 바로 독서였다"라며 독서의 효용을 적극적으로 이야기한다.

에디슨은 학교에서 저능아로 판명되어 정규 교육을 제대로 받지 못했다. 하지만 어머니의 열성적인 교육과 에디슨의 엄청난 독서로 인해 세계적인 발명가가 되었다. 정약용은 조선 최대의 실학자이다. 그는 시대의 문제점을 날카롭게 지적하고 그에 대한 명확한 해결책을 제시한다. 하지만 정약용의 대부분 업적과 저서는 귀양 생활 중에 나왔다. 좌절에 빠지기 쉬운 그 순간, 정약용은 독서를 택했고, 독서를 통해 귀양 생활을 학문을 갈고 닦는 시간으로 승화하였다.

김병완 작가는 삼성전자 연구원으로 근무하다가 돌연 사표를 내고 도서관에서 3년 동안 만 권의 책을 읽었다. 이를 통해 깨달은 글쓰기의 즐거움으로 지금은 60권 이상을 출판한 유명 작가가 되었다. 이지성 작가는 초등학교 선생님이었다. 어려운 환경 가운데서도 책을 읽고 글을 썼다. 꿈을 꾸며 그 꿈을 현실로 만들려 노력하였다. 꿈이 현실로 되는 데는 책의 힘이 매우 컸다. 지금은 베스트셀러 작가로 저개발 국가에 학교를 세우는 일을 하고 있다.

이제 당신의 차례이다. 하루 30분 독서를 통해서 시간에 이끌려 다니는 삶에서 시간을 관리하는 삶으로 바꿔야 한다. 그리고 마음속 깊이 간직하고 있던 꿈을 실현해야 한다. 하루 30분 독서는 인생을 바꿀 수 있는 힘이 있다.

한 시간 독서로 누그러지지 않는 걱정은 결코 없다.

- 샤를 드 스공다

온몸의 근육을 늘리고,
체력을 높이는 시간

시간을 활용하라. 적기를 놓치지 말라.
- 윌리엄 셰익스피어

병드는 직장인

현대의 직장인들은 아프다. 한두 군데 아프지 않은 사람을 찾아보기 힘들 정도로 통증과 불편함은 우리에게 너무 익숙하다. 서울 시내를 돌아다니다 보면 통증의학과, 정형외과 간판이 무수히 많이 보인다. 그리고 찾아가는 병원마다 문전성시를 이룬다. 각 직업마다 직업병이 있다. 반복적으로 어떤 일을 하면서 매일 조금씩의 피로가 몸에 쌓이고 일정 수준 이상이 되면 탈이 나는 것이 직업병이다.

승무원들의 경우 중이염을 많이 앓는다고 한다. 비행기를 타면 기압차가 많이 생기게 되고 이로 인해 귀에 무리가 간다. 장시간 서서 일하는 미용사들의 경우에는 다리 혈관이 부풀어 오르는 하지정맥류를 많이 앓는다. 국민의 생명과 재산을 지키는 소방관의 경우 소음성 난청을 앓는다. 화재 현장에서 사이렌과 기계음 등 소음에 지속적으로 노출되기 때문이다.

나는 군 생활을 의무소방원으로 보냈다. 2년 동안 소방서에서 근무하면서 소방 보조활동을 하였다. 단 2년간만 화재현장과 구조 구급현장에서 일을 했을 뿐인데도 많은 일을 겪었고 소방 현장의 열악함을 잘 알 수 있었다. 사이렌 소리는 지나가는 소방차에서만 들어도 스트레스이다. 그 안에 타고 있는 소방관은 소방서에서부터 출동현장에 도착할 때까지 그 소리를 들어야 하며, 현장에 도착해서도 많은 소음에 노출된다. 여기에 매캐한 연기는 덤이다. 죽은 시체를 보는 것도 일상이다. 하지만 그에 대한 정신적 트라우마 치료 프로그램은 미비한 실정이다.

특수직무 직장인과 현장직 근로자 외에는 대부분 사무실에서 컴퓨터로 업무를 처리한다. 사무실에 앉아서 근무하는 사람들에게 필연적으로 따라붙는 직업병이 있다. 컴퓨터 전자파로 인한 두통, 시각장애 등의 증세를 보이는 VDT Visual Display Terminal Sndrome, 목이 거북이처럼 앞으로 구부러지는 거북목 증후군, 마우스를 오래 잡고 있어서 발생하는 손목터널증후군, 오래 앉아 있어서 허리에 무리가 가는 허리디스크, 변비, 두통 등등 셀 수 없는 직업병을 가지고 있다. 물론 직종을 불문하고 모든 직장인들이 가지고 있는 직업병이 있다. 그 이름은 만성피로이다.

나 또한 사무실에 출근하면 거의 하루 종일 컴퓨터 앞에 앉아서 문서작업을 한다. 그렇기 때문에 허리, 어깨, 목 안 아픈 곳이 없다. 자리 주변에는 잠시나마 근육을 풀어줄 수 있는 안마기구와 자세교정을 할 수 있는 방석 등 아이템들을 많이 가지고 있지만 이것들로 고통을 해소하기란 역부족이다. 가족을 먹여 살리고 생계를 유지하기 위해 업무 전선에 뛰어든 이들에게 말 못할 고통들이 따라오는 것이다.

생존형 운동, 하루 30분

직장인들이 운동을 위해 얼마나 시간을 낼 수 있을까?

한 시간, 두 시간 충분한 시간을 내면 참 좋다. 나도 결혼하기 전, 아이가 태어나기 전까지는 퇴근 후 두 시간 정도는 운동을 했었다. 결혼 전에는 헬스장을 다니면서 PT를 받거나 스피닝을 했었고, 결혼 후에는 태권도를 했었다.

회사에서 받은 업무 스트레스를 운동을 하면서 풀었다. 땀을 흘리며 스트레스를 풀어 내니 정신 건강과 몸 건강을 동시에 잡을 수 있었다. 태권도를 할 때는 무도를 배우는 만큼 마음의 안정에도 도움이 되었다. 하지만 이러한 운동은 단점이 있다. 시간이 많이 필요하다. 최소 한 시간에서 두 시간은 필요하다. 운동하는 시간은 50분이라 해도 앞뒤로 준비하는 시간, 씻고 정리하는 시간이 필요하다.

아이가 태어나면서 더 이상 그렇게 긴 시간을 운동에 할애할 수 없게 되었다. 퇴근하자마자 집으로 달려가 육아에 동참해야 했다. 약 반

년 정도를 회사, 집만 왔다 갔다 하니 몸에 탈이 나기 시작했다. 허리에 무리가 와서 정형외과를 들락거려야 했고 건강검진을 해 보니 비만과 높은 콜레스테롤로 경고를 받았다. 생존을 위해 반드시 운동시간을 내야 했다. 그래서 아침에 짧은 시간이지만 생존을 위해 운동을 하기로 결심했다.

다행히 우리 회사 지하에는 헬스장과 샤워장이 마련되어 있어서 짧은 시간 운동하는 것이 가능했다. 20분 정도 런닝머신이나 자전거 기구에서 땀을 흘리고 10분은 씻고 정리하는 시간으로 사용해서 총 30분 동안 운동을 하였다. 삶의 새로운 활력이 되었고, 지금도 매일은 아니지만 일주일에 3~4회는 지속적으로 운동하고 있다.

의사 출신 기자로 왕성히 활동하고 있는 홍혜걸 의학전문 기자는 〈의사들이 말해주지 않는 건강 이야기〉에서 걷기의 중요성을 강조한다. 나는 '30분 이상의 지속적인 걷기를 통해 건강도 챙길 수 있다'는 기사를 접한 이후 의식적으로 걸으려 노력한다. 사무실까지 엘리베이터를 이용하기보다는 계단을 이용한다. 지하철을 이용하는 경우 에스컬레이터보다는 계단을 주로 이용하려 한다. 목적지보다 한 정거장 후에 내려서 걸어오는 방법도 가끔 사용한다. 운동을 독려하는 글에서 주로 목적지보다 한 정거장 전에 내려서 걸어오는 방법을 추천한다.

하지만 실제로 해 보니 한 정거장 전에 내리는 것을 결심하는 것이 생각보다 쉽지 않았다. 그래서 나는 모르는 척 목적지를 지나쳐 한 정거장 후에 내려서 다시 돌아왔다. 이렇게 하면 나 자신과 타협할 여지가 없고, 걷는 것에 대한 더 절실함을 이끌어 낼 수 있다.

달리기와 걷기 이외에도 의지만 있다면 돈을 들이지 않아도, 짧은 시간 동안 높은 효율을 얻을 수 있는 운동방법이 많다. 유튜브에도 동영상을 통해서 집에서 충분히 할 수 있는 홈 트레이닝 프로그램이 많이 있다. 의지와 30분의 시간, 그리고 실천해 낼 수 있는 노력만 있다면 생존형 운동에 언제든지 동참할 수 있다.

내 몸에 기름칠하기

하루 30분 운동은 기름칠이다. 우리가 목표하는 것은 몸짱도 아니고 다이어트도 아니다. 그저 살아가는데 이 한 몸이 걸림돌 되지 않도록 하기 위함이다. 자동차 정비업계의 최고 명언이 있다. '닦고 조이고 기름치자.' 늘 닦고 조이고 기름 쳐야 자동차가 큰 무리 없이 운행할 수 있다는 것이다.

내게는 5년 전에 산 자전거가 있다. 처음 샀을 때는 거의 매일 자전거를 타고 주변을 돌아다녔고, 한강까지 나가기도 했다. 매일 자전거를 탈 때는 딱히 관리라고 해줄 것은 없었다. 하지만 한동안 자전거를 안 타다가 다시 타려면 타이어에 바람도 넣어줘야 하고, 먼지도 털어줘야 하고, 체인에 기름칠도 새로 해줘야 했다.

우리 몸도 이와 같다. 매일 잠깐이라도 움직여줘야 하고, 운동을 해줘야만 몸의 관절과 근육이 뻑뻑해지는 것을 방지할 수 있다. 하루 30분 운동을 통해 우리 몸에 기름칠을 해주자. 한동안 운동을 안 하다가 시작하면 처음에는 힘들 수밖에 없다. 그동안 쌓인 먼지를 털어내야 하고, 기름칠도 새로 해야 하기 때문이다. 하지만 하루가 지나고 이틀이 지나면서 매끄러워진 우리 몸을 경험할 수 있을 것이다. 그리고 운동을 하지 않으면 좀이 쑤셔서 견딜 수 없을 것이다.

지금은 100세 시대라고 한다. 오래 살아가는 시간 동안 삐그덕 대며 여기저기가 아픈 몸으로 살아가기에는 남은 시간이 너무 길다. 남들에게 자랑할 만큼의 훌륭한 몸짱까지는 아니지만 몸이 인생을 살아가는 데 걸림돌이 되지 않도록 건강하게 관리해야 한다.

가장 사랑하는 사람,
가족을 바라보는 시간

좋은 집이란 사는 것이 아니라 만들어지는 것이어야 한다.
-조이스 메이나드

나의 시간과 남의 시간

시간은 나의 시간과 남의 시간으로 구분할 수 있다. 나의 시간은 내가 자율적으로 나를 위해 사용할 수 있는 시간이고, 남의 시간은 남에게 지배받는 시간이다. 학창 시절에는 나를 위한 시간이 많다. 내가 자율적으로 사용하고 나를 위해서 온전히 사용하는 시간이 충분하다.

하지만 사회 생활이 시작되고 직장에 들어가게 되면 나의 시간을 확보하기가 어렵다. 대부분의 삶을 남에게 의존하고, 남들의 결정에 좌지우지 하게 되는 남의 시간으로 보낸다. 남의 시간을 보내는 직장인들은 숨은 30분의 시간을 찾아내고 그 시간을 온전히 나를 위해서 사용해야 한다. 이 귀한 시간을 내가 가장 소중하게 생각하는 사람, 가족을 위해서 사용한다면 더 의미 있고 귀한 시간이 될 수 있다.

관계가 시작되는 곳, 가정

가정은 우리가 처음 태어나면서 마주하는 첫 공동체이다. 그 안에서 관계를 배운다. 아빠 엄마를 통해 무한한 사랑을 경험하고, 형제자매 관계를 통해 사회를 배운다. 가족들을 통해 따뜻함을 누리기도 하고 상처를 입기도 한다.

과거 가족은 단순한 혈연 관계, 온정적인 관계로 인식되었다. 부모 자식간의 관계에서 부모는 늘 권위적인 모습을 유지했으며, 순종적인 자식들만이 착한 아들딸, 효도하는 사람으로 인식되었다. 또한 자녀는 낳아주신 부모의 은혜를 늘 기억하며 대를 이어야 할 책임을 가진 존재였다. 과거에는 형제자매들이 많이 있었다. 우리 아버지 세대만 해도 최소 6명에서 많게는 9명, 10명의 형제자매들이 있다. 그 안에서 질서를 배우고 관계를 배웠다.

하지만 현대 사회에 접어들면서 가족의 성격은 조금씩 변화하고 있다. 우선 부모자식간의 절대 권위와 절대 복종이 사라졌다. 지금은 적극적인 소통을 중요시한다. 자식들이 부모의 의사에 따라 움직이지 않는다. 아이들에게도 의견을 묻고 그 의견을 존중한다. '너희는 아빠 말대로만 해!'라는 권위적인 말은 이제 통하지 않는다.

그리고 가족 구성원이 많이 줄었다. 지금은 자녀들이 많아야 셋, 적으면 하나일 정도로 과거에 비해 자녀수가 많이 줄었다. 이는 가정 안에서 질서와 관계를 배울 기회가 줄어들었음을 의미하는 반면 개인의 성격과 특성이 존중되고 사랑과 관심이 집중됨을 의미한다.

좋은 가정을 넘어 위대한 가정으로

과거에는 가족 모두가 함께 모여 식사하는 것이 낯선 풍경이 아니었다. 오히려 당연한 것이고, 밥상머리 교육이 일상적인 모습이었다. 저녁 시간이 되면 밖에서 친구들과 놀고 있던 아이들도 엄마의 부름을 받고 각자 집으로 돌아가고 직장인들도 집으로 발걸음을 재촉했다.

내가 어렸을 때 놀이터에서 놀고 있으면 어머니께서 저녁 식사 시간에 부르러 오시고, 아버지도 퇴근하셔서 함께 저녁을 먹었던 기억이 아직도 생생하다. 하지만 바쁜 현대 사회에 들어와서는 온 가족이 한자리에 모여 함께 식사하기가 어려워졌다.

함께 식사하는 시간은 반드시 필요하고 중요하다. 오죽하면 가족을 다른 이름으로 식구食口라고 부르겠는가. 함께 식사하는 시간을 통해 가족 구성원은 서로의 생각과 관심사를 공유할 수 있게 된다. 함께 먹는 시간을 통해 소통하는 가족이 될 수 있다.

미국 뉴욕에 국제선을 타고 도착하는 곳은 J.F 케네디 공항이다. 케네디는 미국의 제35대 대통령으로서 탁월한 토론자이다. 당시 대통령 선거에서 상대 후보인 리처드 닉슨을 탁월한 토론 실력으로 따돌리고 대통령이 되었다.

케네디 대통령의 어머니인 로즈 케네디는 자신의 아들들에게 식사 시간마다 주요 기사를 읽은 후 토론을 하도록 하였다. 미국의 이슈와 리더십, 심지어는 아버지의 사업 이야기 또한 주요 주제였다. 이러한 경험을 통해 케네디 대통령은 어렸을 때부터 토론 능력과 놀라운 식견을 갖출 수 있었다. 케네디가의 일화는 밥상머리 교육의 중요성을 증명한 좋은 사례이다.

단순히 따뜻한 아버지 어머니로만 남고 싶은가? 아니면 자녀를 위대하게 키워낸 위대한 부모가 되고 싶은가? 좋은 부모를 넘어 자녀를 위대하게 성장시키는 위대한 부모가 되기 위해서는 반드시 가족과 함께 보내는 시간이 필요하다.

30분부터 시작하자

《가족과 한 시간》의 저자 신인철은 가족들과의 스토리가 있는 시간을 가지는 것이 중요하다고 강조한다.[43] 우리는 물리적으로 긴 시간을 기억하는 것이 아니다. 어떠한 일이 내 삶에 인상적이고 중요한 가치가 있을 경우 아름다운 추억으로 간직한다. 가족 구성원 모두가 함께 이야기를 만들어 가는 시간, 1시간 2시간 그보다 더 긴 시간이면 좋겠지만 물리적으로 한계가 있다. 우선 시작하는 것이 중요하다. 단 30분이라도 사랑하는 아내, 사랑하는 남편, 사랑하는 아들과 딸의 얼굴을 바라보고 이야기를 나눠 보자.

특정 종교가 있다면 함께 모여 예배하고 기도하는 시간을 갖는 것도 좋다. 함께 즐길 수 있는 취미가 있다면 모여서 취미 활동을 함께하는 것도 좋다. 함께 모여 영화나 책에 대해 각자의 생각을 나눠 보는 것도 좋다. 혹은 같은 자격증 시험에 도전해보는 것도 좋다.

모여서 무엇을 하느냐보다는 가족끼리 얼굴을 맞대고 함께 이야기할 수 있는 시간을 확보하고 그 시간을 공유하는 것이 중요하다. 가족이 같은 마음으로 같은 시간을 공유할 때 단순히 집을 공유하는 하우스 메이트에서 인생과 삶을 나누는 진정한 가족이 될 수 있다.

30분은 본격적으로 변화를 위해 투자하는 시간이다. 이 시간을 잘 활용한다면 인생이 변하는 놀라운 기적을 체험할 수 있다. 하루 30분의 시간이 1년간 모이면 182시간이 된다. 실로 어마어마한 시간이다. 내가 사용하는 시간이 결국 미래의 나를 말해준다. 하루 30분의 시간을 소중히 활용함으로써 지금의 얽매인 인생에서 벗어나 내가 꿈꾸고 바라던 밝은 미래를 향해 달려가야 한다.

FINDING HIDDEN TIME

—— Part 7 ——

변화는 이미
시작됐다

지금 당장 하고 싶은
일을 하라

실행할 때는 지금이다. 어떤 일도 너무 늦은 때는 없다.
-칼 샌드버그

거의 모든 현대인들은 손 안에 작은 컴퓨터 스마트폰을 하나씩 들
고 다닌다. 지하철이든 버스든 잠시 짬이 나는 공간에서는 너나 할 것
없이 핸드폰을 들여다본다.

나는 처음 아이폰을 구입한 당시의 감격을 지금도 잊을 수 없다. 아
이폰의 개발자 스티브 잡스의 아이디어와 추진력으로 전 세계인들 중
많은 수가 지금도 아이폰을 사용하고 있다. 또한 후발 핸드폰 생산업
체들의 도전의식을 자극하여 아이폰과 유사한 스마트폰들이 쏟아져
나왔다.

소프트뱅크의 손정의 회장도 스티브 잡스와의 교제를 이어 나가면

서 아이폰의 혁명적인 변화에 대해 주목하였다. 놀라운 혁신에 대한 기대감으로 미래를 내다보는 눈을 가진 손정의 회장은 아이폰으로 인한 사회의 변화를 예견하고 애플사와 독점계약을 맺음으로 일본에 아이폰을 공급하게 된다.

스티브 잡스의 삶에 대한 놀라운 관점은 그가 2005년에 스탠포드 대학 졸업식 축사에서 말한 내용에 집약적으로 잘 드러난다.

① 현재와 미래가 어떻게든 연결된다는 믿음을 가져라.
② 사랑과 성실의 마음을 가지고 자신의 일을 대하라.
③ 죽음이 기다리고 있음을 기억하라.

지금 하고 있는 모든 일은 과거의 어떠한 지점으로부터 시작된 일들이다. 또한 지금 하고 있는 일은 미래의 어떤 부분에 반드시 영향을 주게 되어 있다. 스티브 잡스는 이러한 연결고리에 대한 통찰력을 가지고 매 순간마다 최선을 다하며 살았다. 또한 어떤 일을 할 때도 사랑과 성실의 마음으로 대했다. 이 모든 행동이 결국 죽음이 언제 올지는 모르지만 반드시 온다는 것을 인지하고 있음에서 시작한다.

나 또한 죽음에 관한 메시지가 마음속에서 계속 맴돌았다. 하루 24시간은 우리 모두에게 공평하게 주어진다. 그러나 개인의 인생에서 몇 번의 하루가 주어질지는 아무도 모른다. 공평하게 주어지는 시간만큼이나 공평한 것은 모든 사람은 죽는다는 것이다. 이것에 대해 예외는 없다. 내일 내가 살아 있을지 장담할 수 있는 사람은 아무도 없다.

그렇기 때문에 지금 당장 좋아하고 하고 싶은 일을 해야 한다. 내가 좋아하는 일, 하고 싶은 일을 다 제쳐놓고 내일을 고대하고, 참고 견디며 다른 일을 할 설득력 있는 이유는 없다. 스티브 잡스는 말한다. "오늘이 내 인생의 마지막 날이라면 지금 하려는 일을 하겠는가?" 이 질문에 대해 만일 아니라고 대답한다면 당신의 삶에는 변화가 필요하다. 죽는다는 생각은 인생의 결단을 내릴 때 가장 중요한 도구이며 죽음 앞에서는 진실로 중요한 것들만 남게 된다.

나는 공무원으로서 가장 큰 영광은 승진이라고 생각했다. 공무원은 근무하는 동안 안정적이긴 하지만 일반 사기업에 비해 많은 연봉을 받지는 못한다. 금전적인 보상이 취약하기 때문에 공무원으로서 성취감을 느끼는 방법은 남들보다 빨리 승진하는 길밖에 없다고 생각했다. 승진을 통해 내 노력을 보상받고 싶은 욕구가 마음속 깊은 곳에서 꿈틀댔다. 그리고 승진을 위해 참고 견디며 일하였다.

그러나 스티브 잡스의 연설을 통해 죽음에 대해서 깊이 인식하였다. 모든 사람에게 죽음이 다가오고 그 죽음은 언제 올지 모른다는 위기감은 지금 하고 싶은 일을 선택할 수 있도록 용기를 주었다. 안정적으로 승진을 하려 했으면 통일부에 계속 남아 있어야 했다. 통일부가 승진이 꽤 잘되는 부처이기 때문이다. 한국방송통신대학교로 가면 승진을 포기하는 것이나 마찬가지였다. 하지만 교육 관련 업무를 해 보고 싶었기에 과감히 이동을 선택했다.

방위사업청으로 이동할 때도 방위산업 업무에 대해 흥미를 가졌고, 직접적으로 군수조달 업무를 해 보고 싶어서 도전하였다. 사람이기에

각 부처 간의 장단점도 보이고, 승진에 대한 아쉬움도 없지는 않다. 첫 부서에 그대로 머물러 있었으면 지금 어느 정도 위치까지 와 있겠다는 후회스러운 가정도 해 본다. 하지만 도전했고, 새로운 시각으로 업무와 상황을 바라보고 있다. 지금도 안주하지 않고 도전은 계속 진행 중이다.

당신은 지금 무엇을 하고 있는가? 좋은 것은 아껴 두어야 한다는 생각에 하고 싶은 일은 마음속 깊은 곳에 감추어 두고 있지는 않은가? 거울을 보면서 스스로에게 물어보라. 나는 오늘 무엇을 하였고, 또 오늘 어떠한 일을 할 것인가? 오늘이 내 인생의 마지막 날이라면 지금 하려는 일을 하겠는가? 만일 그렇지 않다면 바로 지금이 변화가 필요한 순간이다.

당장 결과가
보이지는 않는다

행동에 나설 시간은 바로 지금이다. 무언가를 하는데 너무 늦는다는 것은 있을 수 없다.
-칼 샌드버그

숨은 시간 찾기의 단점

지금까지 START 시간 관리 실천 방법을 제시하고 삶 가운데 숨어 있는 1분, 15분 ,30분의 시간을 찾았다. 그리고 그 시간들을 이용해서 하고 싶은 일을 이루는데 사용할 것을 권했다. 지금부터는 숨은 시간 찾기의 치명적인 단점을 공개하려고 한다.

취업준비생이 취업을 준비할 때 자기소개서를 작성하고 기업에 제출한다. 자기소개서 문항 중 '지원자 자신의 장점과 단점은 무엇인가?'라는 질문이 종종 포함된다. 장점뿐만 아니라 단점까지 파악하여 기업에 적절한 인재를 선별하기 위함이다.

이처럼 사람을 선발할 때는 물론 상품을 구매할 때 좋은 점과 나쁜 점을 잘 비교해서 구매해야 하는 것처럼, 숨은 시간을 찾아 활용할 때도 장점과 단점을 인식하고 고려하며 실천하는 것이 효과적이다.

숨은 시간 찾기의 치명적인 단점은 '내가 시간을 활용하고 노력한 만큼의 결과가 바로 나타나지 않는다'는 것이다. 우리는 어떤 일을 했을 때 빠른 결과가 나오는 것을 선호한다. 내가 맡은 업무를 열심히 했을 때 바로 계약이 체결되고, 인사고과도 잘 받는 등 눈에 보이는 결과를 좋아한다.

하지만 숨은 시간 찾기는 매일매일 내가 무엇인가 하는 것 같지만 눈앞에 결과는 드러나지 않는다. 최소 1년, 혹은 그 이상 지속했을 때 그제야 서서히 결과가 드러난다. 이러한 방법은 한국 사람들의 성향과는 잘 맞지 않는다. 빨리빨리가 생활화되어 있어서 한국인들은 바로바로 결과가 나오는 것을 선호한다. 그렇기 때문에 밤새서 일하고 주말에도 일하며 즉시 성취되는 성과를 얻고자 한다.

게임 중독의 이유

생각보다 게임에 빠져서 사는 사람들이 많다. 특히나 스마트폰 사용이 일반화 되면서 걸어 다니는 도중, 대중교통을 이용하는 도중에도 게임을 하는 사람들이 많다. 숨은 시간 찾기의 대척점에 서 있는 것이 게임이다. 게임은 순간순간의 화면이 바뀌면서 사용자를 지루하지 않게 해준다. 게임 안에서는 퀘스트가 주어지고 그것을 완수하면 금전적인 보상이나 레벨업이 '즉시' 이루어진다.

그리고 개인이 노력하면 신분 상승 또한 어렵지 않게 가능하다. 개인이 설정해놓은 목표에 단시간에 도달하는 것이 가능한 게임의 매력에 푹 빠지게 된다. 우리 사회에서는 누리지 못하는 이상적인 상황으로 인해 사람들은 게임에 흥미를 느끼게 되고 심한 경우 중독에까지 빠지게 된다.

우공이산 愚公移山

우공이라는 아흔 살 된 노인이 살고 있었다. 노인이 살고 있는 집 앞에는 태행산과 왕옥산이 있었고, 높은 두 개의 산 때문에 노인은 생활하는데 큰 불편을 겪는다.

어느 날 노인은 가족들을 모아놓고 큰 결심을 선언한다. "우리는 이제부터 저 두 개의 산을 옮길 것이다. 그러면 우리 생활이 조금 더 편해 질 것이다." 이 이야기를 들은 노인의 아들딸은 펄쩍 뛰며 반대를 했다. 사람의 힘으로 산을 옮기는 것은 불가능한 일이기 때문이다. 하지만 우공은 다음날부터 실제로 산을 옮기는 작업을 시작했다. 땅을 파서 흙을 내다 버리는 지루한 작업이었다.

이러한 모습을 본 이웃집 사람은 "아니 아흔 살이나 된 당신이 살 날이 얼마나 남았다고 이러한 일을 합니까?"라고 물었다. 이에 우공은 "두 개의 산은 더 이상 높아지지는 않을 것이네. 하지만 내가 죽고 나면 우리 아들이, 손자가 계속 이 일을 할 것이니 언젠가는 산이 옮겨지지 않겠는가?"라고 대답한다. 이 소식을 들은 신선들이 결국 태행산과 왕옥산을 옮겨준다.

현실의 숨은 시간 찾기는 우공이산의 내용과 같다. 내가 하루 종일 삽질을 해서 흙을 퍼내도 산은 꿈쩍도 하지 않는 것처럼 보인다. 하지만 시간이 지나면 결국 길이 날 것이고, 산이 옮겨지게 될 것이다. 하찮게 보이는 1분, 15분, 30분의 시간을 매일매일 조금씩 사용한다면 1년이 지나고 2년이 지나고 10년이 지났을 때는 산에 길이 나는 것과 같은 큰 변화가 생긴다.

계단형 성장

우리의 실력은 결코 우 상향 그래프(A)처럼 성장하지 않는다. 마치 밑 빠진 독에 물을 붓는 것처럼 계속 물을 붓고 시간을 들였을 때 어느 한 순간 실력은 수직 상승하는 계단형 그래프(B) 형태를 보인다.

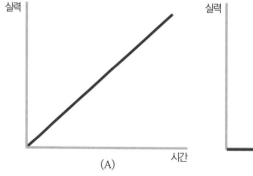

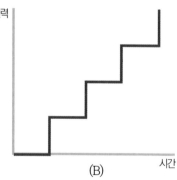

정체기를 버티고 견디는 인내가 있어야 성장을 맛볼 수 있다. 매일매일 조금의 시간이지만 그 시간을 내고 투자할 때 나도 모르는 사이에 성장해 있는 내 자신을 발견할 수 있다.

어느 누구도 자신의 키가 크는 것을 인지한 사람은 없다. 성장기 때 매일매일 키가 조금씩 자랐겠지만 우리는 알지 못한다. 어느 순간 부지불식간에 키가 자라 있는 것을 발견한다. 신체의 성장처럼 정신의 성장, 실력의 성장도 이와 같다. 무심코 뒤를 돌아봤을 때 놀랍게 성장한 내 자신을 찾아볼 수 있을 것이다.

실패를
두려워하지 말라

실패는 우리가 어떻게 실패에 대처하느냐에 따라 정의된다.
-오프라 윈프리

누구나 실패는 한다

실패는 언제나 우리를 따라다닌다. 한 번도 실패의 경험을 하지 않은 사람은 드물다. 세상은 실패하지 않은 사람을 부러워하고, 실패한 사람에게 낙오자라는 낙인을 찍는다. 하지만 실패를 통해서 무엇인가 얻는 것이 있다면 그 또한 새롭고 귀한 경험이 될 수 있다.

사람들은 실패를 비극이라고만 생각한다. 실패하지 않고 승승장구하는 인생만을 꿈꾼다. 실패는 결코 비극이 아니다. 오히려 실패는 축복이다. 실패를 통해서 지금까지의 삶을 돌아볼 기회를 얻게 되고, 주변을 돌아볼 수 있게 된다. 실패를 통해서 잠시 쉬어가는 법을 배울 수 있으며, 실패를 통해 새롭게 도전해 나갈 의지를 얻을 수 있다. 실패를 한 번도 하지 않은 사람의 경험치와 실패를 겪으며 그것을 극복해온 사람의 경험치는 확연하게 차이가 난다. 인생의 깊이가 달라진다.

물론 그렇다고 해서 일부러 실패를 하라는 말은 아니다. 실패가 찾아왔을 때 그 좌절과 실패감에서 빨리 자신을 돌아보고, 잘 극복해 나가야 한다. 그리고 그러한 과정들을 통해서 삶의 지혜를 배워야 한다. 나만 실패하는 것이 아니다. 누구나 실패는 한다. 그렇기 때문에 실패가 찾아왔을 때 좌절할 필요가 없다. 실패가 찾아왔을 때 좌절하고 낙심하는 것이 아니라, 실패를 어떻게 극복할지를 연구하고 그것을 통해 무엇을 배워 나갈지를 고민해야 한다. 그럴 때 실패의 상처는 치유되고 성공의 영광이 우리의 인생에 다가오게 된다.

실패는 성공에 이르는 과정이다

실패를 통해 성공으로 나아갈 수 있다. 실패의 과정을 겪지 않고서는 성공의 달콤한 열매를 맛보기가 어렵다. 내 딸아이가 돌이 지날 무렵부터 스스로 일어서서 조금씩 걷기 시작했다. 처음에는 스스로 일어나지도 못하고 일으켜 세워주면 버티고 서 있다가 주저앉았다.

어느 순간부터 스스로 일어나서 걸음마를 떼기 시작했다. 그 과정을 지켜보는 것이 아빠로서 참 마음이 아팠다. 한두 걸음 걷다가 넘어지기 일쑤였다. 하지만 실패의 과정을 거치지 않으면 걸을 수 없기에 마음이 아프지만 응원하는 마음으로 그 과정을 지켜볼 수밖에 없었다. 시간이 지난 요즘은 곧잘 걷고 빠르게 뛰어 다니기도 한다. 넘어지거나 주저앉는 횟수가 확연히 줄어들었다.

우리는 모두가 이러한 과정을 통해서 걸음마를 배워 왔다. 넘어지는 시간이 있었기에 자유롭게 걸을 수 있다. 넘어지는 고통과 좌절을 겪었기에 걷는 즐거움과 기쁨을 맛볼 수 있다. 실패는 내가 성공으로 나아가는데 걸림돌이 아니라 하나의 과정이다. 실패를 통해서 성공을 하고자 하는 굳은 결의를 다질 수 있고, 성공에 이르렀을 때 그 달콤함이 더 커진다.

시간 찾기에 있어서도 반드시 실패의 과정이 찾아온다. 결코 당신이 나약해서가 아니다. 실패는 하나의 과정이며 그 과정을 견디고 이겨 내야만 성공의 달콤함을 맛볼 수 있다. 작심삼일의 실패의 기억이 떠오르는가? 이제는 두려워하거나 낙심하지 말자. 거쳐 가는 하나의 과정으로 인식하고 여유 있게 그 상황을 맞이하자. 단, 실패에 안주하는 것이 아니라 그 과정을 이겨 내고 성공적인 시간 찾기를 향해 한걸음을 내딛어야 한다. 실패가 찾아왔을 때 이제는 조금 더 여유 있는 마음으로 실패를 맞이하자. 그리고 그 과정을 이겨 내자.

꾸준히 그리고 끈질기게

실패가 가장 두려워하는 것이 있다. 그것은 꾸준함과 끈기다. 성공을 향해 꾸준히 그리고 끈기 있게 나아갈 때 실패는 결코 우리의 앞길을 가로막지 못한다. 메이저리거 중 가장 유명한 홈런 타자가 있다. 1914년 보스턴 레드삭스에 입단하였고, 이후 뉴욕 양키스로 팀을 옮겨 15년 동안 미국 메이저리그사에 큰 획을 그은 베이브 루스다. 그는 선수 생활을 하는 동안 714개의 홈런을 쳐냈고, 그 기록은 1974년 행크 아론에 의해 깨지기 전까지 수십 년간 불멸의 기록으로 이름을 올렸다. 그는 미국인의 마음속에 영웅으로 남아있다.

하지만 베이브 루스의 화려한 모습 뒤에 그는 또 다른 불멸의 기록을 가지고 있었다. 바로 삼진 기록이다. 베이브 루스는 무려 1,330번의 삼진을 당했으며 그 기록 또한 홈런 기록처럼 깨지기 어려운 기록이다. 714개의 홈런을 치기 위해 1,330번의 삼진을 당했지만, 그 실패의 과정을 묵묵히 그리고 꾸준히 이겨 냈기 때문에 714개의 홈런을 쳐내고 메이저리그 역사상 최고의 선수 중의 한 명으로 이름을 올릴 수 있었다.

베이브 루스뿐만 아니라 현대의 야구 선수들도 강타자라고 불릴 만한 선수의 타율은 보통 3할이다. 10번을 타석에 서면 3번을 쳐내고 7번은 치지 못하는 것이다. 7번의 실패를 견디고 3번의 성공에 집중할 때 성공한 타자가 되는 것이다.

시간 찾기를 시도하지만 계속 실패가 찾아오더라도 꾸준히 시간 찾기를 시도해야 한다. 꾸준한 도전을 통해 결국 성공으로 나아갈 수 있다. '인디언 기우제'라는 말이 있다. 사막에 사는 인디언들은 비가 오지 않을 때면 기우제를 지낸다고 한다. 놀라운 사실은 인디언들이 기우제를 지내면 반드시 비가 온다. 바로 비가 올 때까지 기우제를 지내기 때문이다.

시간 찾기의 성공적인 결과도 이와 같은 꾸준함과 끈기가 필요하다. 중간 중간 실패가 찾아오더라도 꾸준하게 끈기를 가지고 시도한다면 반드시 성공적인 시간 찾기를 할 수 있을 것이다. 그리고 이것을 통해 원하는 인생, 살아가고 싶었던 인생으로 놀랍게 변화될 것이다.

작은 것부터
시작하자

위대한 행동이라는 것은 없다. 위대한 사랑으로 행한 작은 행동들이 있을 뿐이다.
-테레사 수녀

작은 한 발자국, 큰 변화의 시작

숨은 시간 찾기를 위해서 나는 오늘 어떠한 실천을 해야 하는가? 무엇인가 큰 변화를 통해 확실하게 시간을 효과적으로 사용하고 싶은 욕심이 생기는 사람도 있을 것이다. 하지만 숨은 시간 찾기는 삶의 소소한 변화를 우선적으로 요구한다. 일상 생활을 그대로 유지하지만 삶의 작은 부분들을 조금씩 변화시키고 이 변화가 모여 인생을 변하게 하는 것이 숨은 시간 찾기의 최종 목표이다.

하지만 이러한 부분에서 우리는 종종 착각을 한다. 인생을 변하게 할 정도의 큰 목표라면 오늘 당장 무언가 큰 일을 해야 한다고 생각한다. 그렇지 않으면 큰 변화를 이룰 수 없을 것 같은 불안감이 든다.

큰 목표를 가지고는 있지만, 그 목표를 이루기 위해 처음부터 큰 행동을 시도한다면 얼마 지나지 않아 지치게 될 것이다. 그리고 포기하게 될 것이다. 뉴턴의 운동 제1법칙은 관성의 법칙이다. 정지한 물체는 계속 정지해 있으려 하고, 움직이는 물체는 현재의 속도로 계속 움직이려 한다는 것이다.

사람의 성향도 이와 같다. 우리 뇌와 몸은 지금까지 해 오던 방식에 익숙해져 있기 때문에 큰 변화를 시도하게 되면 뇌와 몸은 본능적으로 그 변화를 거부한다. 변화성공률을 높이기 위해서는 변화를 시도하되 뇌와 몸이 알아차릴 수 없게 조금씩 변화하도록 해야 한다. 조금 변화한 것이 익숙해질 때 즈음 또 조금 변화를 시도하고, 이러한 과정을 반복해야 한다. 가랑비에 옷 젖는 줄 모르는 것처럼 알게 모르게 조금씩 작은 것부터 시도함으로써 뇌와 몸의 변화 거부 본능을 이겨 내야 한다.

큰 변화에 맞서 씨름하다 실패한 경험이 있다면 작은 변화가 도움을 줄 수 있다. 과감한 시도는 역효과를 불러올 수 있다. 과감한 노력들은 앞에 놓여있는 견고한 장애물들을 고려하지 않는다.

– 《아주 작은 반복의 힘》, 로버트 마우어[44]

로버트 마우어는 삶의 변화를 위해 작은 것부터 변화를 시도하는 행동을 스몰 스텝 법칙이라 이름 붙인다. 우리 주변에 다이어트를 시도하는 사람들이 참 많다. 살을 빼고자 하는 목표를 세우고, 다이어트에 돌입하는데 그날부터 굶기 시작하는 사람이 있다. 굶는 것으로 끝나는 것이 아니라 과도한 운동 또한 시작한다. 이러한 방법은 오래 지속되지 못한다는 것을 모두가 알고 있다. 극단적인 변화 대신에, 간식 안 먹기, 밥 한 숟갈 덜 먹기, 계단 걸어서 올라가기 등을 지속적으로 반복하는 작은 변화가 다이어트에 더 효과적이다.

숨은 시간 찾기도 이와 마찬가지다. 지금까지 살아온 방식을 무시하고 내가 주장한 방법들, 그리고 이상적이라 생각하는 시간 찾기 방법들을 한 번에 시도하는 것으로는 성공하기 어렵다. 며칠은 그렇게 살 수 있을지 몰라도 다시 원상 복귀되는 것은 시간 문제이다.

로버트 마우어의 스몰 스텝 법칙을 통해 조금씩 조금씩 숨은 시간을 찾아보고, 그 시간 동안 할 수 있는 일을 고민하는 방법을 택해야 한다. 어제보다 5분의 시간을 더 찾고, 그 시간을 온전히 나를 위해 사용한 오늘이 지속적으로 반복된다면 얼마 후에는 나를 위해 사용할 수 있는 몇 시간이 거뜬히 생길 것이다.

혁신을 대체할 수 있는 다른 방법이 있다. 삶을 변화시키는 전혀 다른 전략이다. 아주 부드럽게 언덕을 올라가는 방법으로 언제 정상에 올랐는지 눈치 채지도 못한다. 협상하기에도 유리하고 발걸음도 가볍다. 필요한 것은 단지 앞을 향해 그저 한 걸음 한 걸음 내딛는 것밖엔 없다. 변화를 위한 대안적인 전략의 이름은 '스몰 스텝 전략'이다.

- 《아주작은 반복의 힘》, 로버트 마우어[45]

천릿길도 한 걸음부터라고 했다. 큰 목표는 잠시 잊고, 오늘 지금 이 순간 눈앞의 작은 것부터 시작하자. 그 작은 것들이 큰 목표로 달려 갈 수 있는 힘이 될 것이다. 그리고 어느 순간 나도 모르게 큰 목표를 이미 달성해 있을 것이다.

삶의 유일한 배움은 마이크로(Micro, 작음)에서 매크로(Macro, 큼)를 찾 아내는 것이다.

-조시 웨이츠킨

에필로그

시간을 다스리면
행복해진다

삶의 주된 목적은 행복이다. 우리는 행복하기 위해 삶을 살아간다. 치열하게 공부하는 것도, 관계에 마음 쓰는 것도, 그리고 이 책을 읽으며 시간을 알뜰하게 사용하기 위해 몸부림치는 것도 모두 행복한 삶을 살기 위해서이다.

간혹 주변에서 행복을 포기하고 다른 목적을 위해 전력투구하며 살아가는 분들을 볼 때 안타까운 마음이 든다. 행복을 포기하고 다른 목적을 위해 달려 나가는 것은 참 슬픈 일이다. 인생 가운데서 행복을 포기할 만큼의 가치를 지닌 것은 없다. 나 또한 행복한 삶을 추구하면서 살아간다. 지금 하고 있는 모든 일이 나와 내 가족의 행복을 위해서 하는 것이다.

우리는 늘 이같이 고민한다.

'나는 무엇을 할 때 진정한 행복을 누릴 수 있을까?'

우리는 각자 자신의 마음 깊은 곳에서 꿈틀거리고 있는 꿈을 위해 노력한다. 그리고 그 꿈을 실현하면서 행복을 누린다. 자신이 진정으로 하고 싶은 일을 하는 사람은 하루 15시간을 일해도 지치지 않는 열정으로 일할 수 있다. 그는 일하는 것이, 곧 자신의 꿈을 이루는 것이기에 늘 새로운 에너지를 가지고 일을 하기 때문이다.

대한민국이 낳은 세계적 피겨퀸 김연아 선수는 선수 시절 1년에 약 300일을 연습했다. 하루 100회의 점프를 뛰며 피나는 노력을 했기에 세계 정상의 자리를 차지할 수 있었다. 힘들고 쉽지 않은 일이었지만 김연아 스스로의 목표와 꿈이 있었기에 그 길고 힘든 시간을 잘 이겨낼 수 있었다.

이와 반면에 자신이 원하지 않는 일을 하는 사람은 하루에 단 몇 시간만 일해도 그 일하는 시간에 곤욕을 치른다. 퇴사와 관련된 프로그램들과 책들이 많이 나오는 추세를 보며 우리 사회에 많은 직장인들이 자신의 삶에 만족하지 못하고 있다는 사실을 깨닫는다.

행복한 삶에 한 걸음 더 다가갈 수 있게 도와주는 것이 바로 숨은 시간 찾기이다. 누구에게나 공평하게 주어진 24시간이지만 그 활용가치는 너무나 다르다. 동일한 시간 동안, 어떤 사람은 정말 자신이 하고 싶은 일을 하며 시간을 가치 있게 사용하고, 그 안에서 충분한 만족과 행복을 느낀다. 하지만 24시간의 시간을 허투루 보내며 진정으로 하고 싶은 일은 꿈만 꾸고 있는 사람은 행복한 삶을 살 수 없다.

숨은 시간 찾기는, 곧 시간을 다스리는 것이다. 내게 선물로 주어진 시간을 잘 다스리고, 잘 활용함으로써 귀중한 시간의 가치를 손상시키지 않는 것이다. 시간이 주어지면 우리는 많은 일을 할 수 있다. 그 안에는 해야 하는 일도 포함되어 있겠지만, 내가 진정으로 하고 싶었던 일도 있다. 진정으로 하고 싶은 일을 통해 내가 먼저 행복해지고, 내가 행복해짐으로써 내 가족이, 친구가, 주변이 덩달아 행복해질 수 있다. 이 모든 것의 시작은 시간을 확보하는 것이다.

그렇다면 시간을 확보하기 위해서는 어떻게 해야 하는가?

숨은 시간을 통해 시간을 찾고, 그 찾은 작은 시간을 소중히 여겨야 한다. 흔히들 돈이 많으면 시간도 많아진다고 이야기한다. 틀린 이야기는 아니다. 돈이 많으면 내 시간을 들여야 할 곳에 다른 사람의 손길을 빌릴 수 있고, 또 그 만큼의 시간을 확보할 수 있기 때문이다.

하지만 돈이 많아 대부분의 일은 다른 사람을 통해서 하고, 남아도는 시간을 주체할 수 없어 허투루 사용하는 재벌 2,3세들을 어렵지 않게 찾아볼 수 있다. 내가 먼저 시간에 대한 소중함을 깨닫고 시간 찾기를 통해 내게 주어진 시간을 다스리는 습관이 선행되어야 한다.

진정으로 행복한 삶을 꿈꾸는가. 먼저 숨은 시간을 찾자. 그리고 그 시간을 온전히 나를 위해 사용하자. 이러한 과정을 통해 우리 모두는 행복한 삶을 살 수 있다.

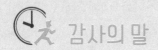

감사의 말

기적의 시간 찾기를 써 내려가면서 나부터 삶을 돌아볼 수 있는 좋은 기회가 되었다. 내가 시간에 대해 어떠한 생각을 가지고 있었는지, 그리고 그 시간을 나는 어떻게 사용하고 있었는지 돌아보고 정리할 수 있었다.

잘하고 있는 점은 독자들과 많이 나누려 노력했다. 이와 반대로 나 자신에게 한없이 너그럽게 행동하며 시간을 소비하는 나쁜 습관들은 낱낱이 점검하여 낭비하고 있었던 시간들을 반성하였다. 한번뿐인 인생 치열하게 살기 위해서, 그리고 지금 이 순간 소중한 가족과 함께하는 시간을 놓치지 않기 위해서 좀 더 효과적으로 시간을 사용하려고 노력하는 계기가 되었다. 다짐이 희미해질 때마다 소중한 사람을 떠올리는 것이 좋은 동기부여가 된다. 아내를 떠올리며, 아이들을 떠올리며, 함께 살아갈 더 나은 삶을 그리며 오늘도 힘차게 달려간다.

그동안 조금은 여유 있는 마음으로 살아왔던 독자들에게는 이 책이 좋은 자극제가 되기를 바란다. 누구에게나 공평하게 주어지는 시간, 하지만 모든 이들이 공평하게 사용하지는 않기 때문에 효과적으로 사용하는 사람이 결국 최후의 승자가 된다는 사실을 반드시 기억하고 살아가야 한다.

나보다 더 시간을 잘 사용하는 독자들도 있을 것이다. 그런 분들에게는 이 책이 주마가편走馬加鞭의 역할을 하길 기대한다. 나태해지고자 하는 유혹이 있을 때마다 열심히 뛰어가는 다른 이들을 기억하면서 1분, 15분, 30분을 규모 있게 사용해야 한다.

나는 전업작가가 아니다. 생업이 있고, 두 아이를 키워 내야 하는 가장이다. 직장 생활을 하면서, 육아를 하면서 책을 쓰는데 적잖은 노력과 시간이 필요했다. 육아 동지로서 책을 쓸 수 있도록 많은 시간적 배려와 응원을 해준 사랑하는 아내에게, 그리고 존재만으로도 기쁨을 주는 아들과 딸에게 감사의 마음을 전한다. 더불어 직장 생활을 하는 아내와 나를 위해 귀중한 시간을 아낌없이 내어 손녀를 돌봐주시는 장인어른과 장모님, 아이들의 좋은 친구가 되어주는 처제 가족에게도 큰 감사의 마음을 전한다.

원고가 빛을 발할 수 있도록 전폭적으로 지원해주신 태인문화사 인창수 대표님께도 이 자리를 빌어 감사의 말씀을 드린다.

또한 평생의 삶으로 '시간은 이렇게 사용해야 한다'고 가르쳐주시고 본을 보여주신 어머니와 아버지께 사랑과 감사와 존경의 마음을 전한다.

김지원

참고문헌

1. 에밀리 와프닉 지음 · 김보미 옮김, 《모든 것이 되는 법》, 웅진지식하우스, 2017, 21쪽
2. 에밀리 와프닉 지음 · 김보미 옮김, 《모든 것이 되는 법》, 웅진지식하우스, 2017, 37~39쪽
3. 이시형 지음, 《공부하는 독종이 살아남는다》, 중앙북스, 2009, 9쪽
4. 김정남 지음, 《손정의 무한도전》, e비즈북스, 2012, 63쪽
5. 디지털 조선일보, 〈성인 남녀 40% '나는 스마트폰 중독' 일평균 4시간 사용〉, 2019.7.31
6. 방송통신위원회, 〈텔레비전 방송 채널 시장점유율 조사 결과〉, 2015,
7. 헬스조선, 〈당신이 건강을 위해 TV를 오래 보면 안 되는 이유〉, 2015.7.28
8. 오마이뉴스, 〈2세 미만 아이, TV시청 과도하면 부작용〉, 2010.10.2.
9. 막스베버 지음 · 김덕영 옮김, 《프로테스탄티즘의 윤리와 자본주의의 정신》, 도서출판길, 2010, 336쪽
10. 이지성 지음, 《꿈꾸는 다락방》, 차이정원, 2018
11. 리드호프먼 | 벤캐스노차 지음 · 차백만 옮김, 《어떻게 나를 최고로 만드는가》, RHK, 2012, 8~12쪽
12. 연합뉴스, 〈日, 평생직장은 옛말, 전직 28개월 연속 늘어 연 306만 명〉, 2017.4.20.
13. 이데일리, 〈담배 피러 나가면 근무 시간서 뺀다네요, 빡빡해진 근태 관리에 한숨〉, 2018.1.21
14. 클로드브리스톨 지음 · 최염순 옮김, 《신념의 마력》, 비즈니스북스, 2007, 65쪽
15. 제프 센더스 지음 · 박은지 옮김, 《아침 5시의 기적》, 비즈니스북스, 2017, 48쪽
16. 강규형 지음, 《성과를 지배하는 바인더의 힘》, 스타리치북스, 2013, 158쪽
17. 안수현 지음, 《지하철 독서의 힘》, 밥북, 2017, 165~170쪽
18. 신정철 지음, 《메모 습관의 힘》, 토네이도, 2015, 93쪽
19. 강규형 지음, 《성과를 지배하는 바인더의 힘》, 스타리치북스, 2013
20. 고토 하야토 지음 · 길주희 옮김, 《아침 1분 사용법》, 좋은책만들기, 2012, 31쪽
21. 빅터 프랭클 지음 · 이시형 옮김, 《죽음의 수용소에서》, 청아출판사, 2005, 79쪽
22. 다카시마 데쓰지 지음 · 서수지 옮김, 《잠자기 전 30분의 기적》, 에디트라이프, 2017, 26쪽

23. 이시이 타카시 지음·이은숙 옮김,《머리가 좋아지는 1분 공부법》, 황매, 2011

24. 김병완 지음,《1시간에 1권 퀀텀독서법》, 청림출판, 2017, 54쪽

25. 이한 지음,《이것이 공부다》, 민들레, 2012, 67~72쪽

26. 야마구치 마유 지음·류두진 옮김,《7번 읽기 공부법》, 위즈덤하우스, 2014, 43~44쪽

27. 돈 허트슨 | 조지루카스 지음·문수민 옮김,《1분 협상수업》, RHK, 2011, 68~73쪽

28. 스즈키 신스케 지음·은영미 옮김,《60초 두뇌정리법》, 나라원, 2012, 165쪽

29. 사이토 다카시 지음·노경아 옮김,《15분이 쓸모 있어지는 카페 전략》, 루비박스, 2011, 9~10쪽

30. 이지성 지음,《내 아이를 위한 칼 비테 교육법》, 차이정원, 2017, 49쪽

31. 강인선 지음,《하버드 스타일》, 웅진지식하우스, 2007, 86~87쪽

32. 팀패리스 지음·박선령 | 정지현 옮김,《타이탄의 도구들》, 토네이도, 2017, 273쪽

33. http://www.cbs.co.kr/tv/pgm/info.asp?pgm=1701&mcd=INFO2

34. 박규상 | 우석진 지음,《15분 발표심리》, 샌드코어, 2014, 7쪽

35. Youtube, "Apple WWDC 2005-The Intel Switch Revealed", www.youtube.com/watch?v=ghdTqnYnFyg

36. 통계청,〈2017 일·가정 양립지표〉, 2017

37. 김범준 지음,《하루 30분의 힘》, 비즈니스북스, 2017, 19쪽

38. 다카시마 데쓰지 지음·서수지 옮김,《잠자기 전 30분의 기적》, 에디트라이프, 2017

39. 김민식 지음,《영어책 한권 외워봤니》, 위즈덤하우스, 2017, 80~84쪽

40. 에밀파게 지음·최성웅 옮김,《단단한 독서》, 유유, 2014, 202쪽

41. 마쓰야마 신노스케 지음·서수지 옮김,《아침 30분 독서》, 책비, 2012

42. Book DB, 2017.4.18.

43. 신인철 지음,《가족과 1시간》, 한스미디어, 2012, 111p, 173쪽

44. 로버트마우어 지음·장원철 옮김,《아주 작은 반복의 힘》, 스몰빅라이프, 2016, 120쪽

45. 로버트마우어 지음·장원철 옮김,《아주 작은 반복의 힘》, 스몰빅라이프, 2016, 37쪽

인생을 바꾸는
기적의 시간 찾기

초판 1쇄 인행 2024년 1월 10일
초판 1쇄 발행 2024년 1월 15일

지은이 김지원
펴낸이 인창수
펴낸곳 태인문화사
디자인 플러스
신고번호 제2021-000142호
주소 경기도 파주시 탄현면 참매미길 234-14, 1403호
전화 031-943-5736
팩스 031-944-5736
이메일 taeinbooks@naver.com

ISBN 979-11-93709-00-9

책값은 뒤표지에 있습니다.